beck'sche reihe

bsr

Das Leben stellt uns jeden Tag viele Fragen: Wie kann ich im richtigen Moment Nein sagen? Warum benötige ich für ein Vorhaben immer mehr Zeit, als ich anfangs geschätzt habe? Macht das Sehen von Gewalt gewalttätig? Sind Kinderkrippen schädlich? Kann ich mich bei Kaufentscheidungen auf mein Gefühl verlassen? Kommt mit dem Alter auch die Weisheit?

Diese und über 70 andere alltagsrelevante Fragen beantwortet der Autor vor dem Hintergrund anerkannter Studien. Dabei verzichtet er auf unnötige Theorie und konzentriert sich auf den praktischen Nutzwert für den Leser – mit dem Ergebnis, dass wir unser Leben besser verstehen und im Alltag besser handeln können.

Rolf Reber (geb. 1959 in Basel) ist nach Forschungsaufenthalten in den USA und Frankreich seit 2003 Professor für Kognitionspsychologie an der Universität Bergen, Norwegen. Er ist Kolumnist der Schweizer Zeitung *Der Bund.*

Rolf Reber

Kleine Psychologie des Alltäglichen

77 Lektionen, das Leben besser zu verstehen

Verlag C. H. Beck

Mit Illustrationen von Jussi Steudle

Originalausgabe

Gesamtherstellung: Druckerei C. H. Beck, Nördlingen
Umschlagentwurf: +malsy, Willich
Umschlagabbildung: Jussi Steudle
Printed in Germany
ISBN 978 3 406 54803 1

www.beck.de

Inhalt

Beim Lernen (und Vergessen)

Am Arbeitsplatz

Business 

Religion und Moral 

Sport, Freizeit und Gesundheit 

Ich 

Einleitung

Wie kann ich im richtigen Moment Nein sagen? Warum bleibt bei einem Gerücht immer etwas hängen? Warum schieben wir unsere Vorhaben oft bis zum letzten Moment auf? Wüssten wir zum Beispiel, warum wir Dinge aufschieben, statt sie anzupacken, dann könnten wir diesem Mangel abhelfen und mit weniger Stress mehr erreichen. In diesem Buch unternehme ich den Versuch, solche Fragen aus der Psychologie unseres täglichen Lebens zu beantworten. Dazu werde ich wissenschaftliche Studien heranziehen.

Was unterscheidet wissenschaftliche Studien von Behauptungen, wie wir sie immer wieder hören? Während meines Studiums nahm ich mir vor, die für mein Examen wichtigen Bücher und Artikel zu lesen; ich wusste aber überhaupt nicht, wo ich beginnen sollte, und beschränkte mich dann doch auf die süffigen Reportagen des *Spiegel.* Immer wieder wurde mir gesagt, dass es nur eine Sache des Willens sei, sich hinzusetzen und die schwierige Literatur durchzuackern. Doch sosehr ich mir auch vornahm, jetzt wirklich zu wollen, stets stellte sich die Erfahrung ein, dass mein Wille äußerst schwach war. Wissenschaftliche Forschung vergleicht verschiedene Bedingungen und versucht herauszufinden, wie wir das erreichen können, was wir gerne möchten. Wie im Kapitel *Anpacken statt Aufschieben* näher beschrieben, haben Forscher der Universität Konstanz herausgefunden, dass wir das Geplante eher umsetzen, wenn wir uns ganz präzise und konkret vornehmen, was wir zu welchem Zeitpunkt tun. Statt «Ich setz mich heute Nachmittag hin und lese» sollte unsere Absicht also lauten: «Ich setze mich heute um 14 Uhr hin und beginne das Kapitel über die frühkindliche Entwicklung zu lesen.» Dies wirkt keine Wunder, aber wir werden auf diese Weise mehr erreichen, als wenn wir uns lediglich auf unsere Willenskraft verlassen.

In manchen Studien in diesem Buch geht es darum, menschliche Denk-, Fühl- und Verhaltensweisen zu verstehen, die uns im täglichen Leben im Wege stehen. Dieses Verstehen kann uns dabei helfen, den Alltag besser zu gestalten. Im Gegensatz zu Büchern, die Ihnen ein vollkommen neues Leben versprechen, geht es hier um kleine Änderungen, die sich positiv niederschlagen können. Ein solches Verstehen bedingt, dass wir mit den wissenschaftlichen Erkenntnissen vorurteilslos umgehen. Leider ist die Tendenz sehr groß, dass wir Ergebnisse nicht akzeptieren, wenn sie unseren eigenen Überzeugungen zuwiderlaufen, wie wir etwa am Beispiel der Forschung über Kinderkrippen sehen werden. Nur wenn wir uns informieren und gegenüber Befunden offen sind, die unsere Überzeugungen in Frage stellen, können wir Unzulänglichkeiten des eigenen Denkens erkennen und unser Verhalten entsprechend ändern.

Bei der Beschreibung der Studien verzichte ich auf unnötige Theorie und technische Details und hebe den Alltagsbezug hervor. So hoffe ich, einiges von der Faszination mitzuteilen, die der modernen Psychologie innewohnt. Schließlich soll das Lesen dieses Buches auch Vergnügen bereiten.

Von Mensch zu Mensch

IroNIE

Wenn wir eine Aussage wörtlich nehmen und später erfahren, dass sie ironisch gemeint war, fühlen wir uns hinters Licht geführt. Wir haben unserem Gesprächspartner gegenüber ein schales Gefühl. Die Forschung zeigt, dass gerade ironische Äußerungen schwierig zu verstehen sind und oft für bare Münze genommen werden. Verschiedene Studien haben belegt, dass Sprecher nicht fähig sind, die Perspektive eines Zuhörers einzunehmen, und deshalb die Verständlichkeit ihrer eigenen Aussagen überschätzen. Wer etwas ironisch meint, überschätzt häufig das Ausmaß, mit dem seine Zuhörer die Ironie verstehen; die Zuhörer haben oft keine anderen Anhaltspunkte als die Aussage selbst. Mit anderen Worten: Weiß eine Person, dass eine Aussage ironisch gemeint ist, kann sie dieses Wissen nicht mehr trennen vom bloßen Gehalt der Aussage; sie kann nicht mehr die Perspektive des anderen übernehmen, der nichts von der ironischen Absicht weiß.

Dies gilt auch und gerade im Gespräch mit Kindern: Vor einigen Jahren hat mein damals dreijähriger Sohn Eric das Auto des Nachbarn mit einer Suppenkelle attackiert und dabei einen Kratzer verursacht. Wollte ich nun eine ironische Äußerung machen und ihm also sagen: «Das hast du gut gemacht», dann weiß *ich* genau, dass die Äußerung ironisch gemeint ist. *Eric* hingegen weiß dies nicht. Er muss dies herausfinden, um meine Aussage richtig deuten zu können. Die Wahrscheinlichkeit ist groß, dass er die Aussage «Das hast du gut gemacht» wörtlich nimmt und glaubt, mit seiner Suppenkellenattacke eine Heldentat vollbracht zu haben, und sie später wiederholt. Ironie ist schon für Erwachsene schwer zu verstehen. Noch viel schwieriger ist dies für Kinder; Forschungsergebnisse weisen darauf hin, dass Kinder Ironie erst mit ungefähr sieben Jahren oder sogar noch später richtig verstehen können.

Wir brauchen uns also nicht zu schämen, wenn wir Ironie nicht verstehen. Die Verantwortung liegt vielmehr beim Sprecher, der es nicht geschafft hat, unsere Perspektive als Zuhörer zu übernehmen und seine Absichten klar und deutlich auszusprechen. Ironie kann immer missverstanden werden.[1]

Gute Witze – schlechte Witze

Es gibt Leute, die können wunderbar Witze erzählen und jeden zum Lachen bringen. Andere versuchen, lustige Sprüche zu klopfen, aber es will ihnen einfach nicht gelingen. Sie scheinen nicht zu wissen, was andere lustig finden.

Zwei Forscher haben sich gefragt, ob denn Erzähler von schlechten Witzen überhaupt wissen, dass sie auf diesem Gebiet nicht gerade kompetent sind. Dazu haben die Forscher verschiedene Witze ausgewählt und von Berufskomikern beurteilen lassen, wie lustig sie sind. Dahinter steckte die Idee, dass Berufskomiker den Geschmack des Publikums treffen müssen, wenn sie mit ihrer Show Geld verdienen wollen. Sie sind also Experten darin, was andere lustig finden. Danach mussten Studenten für die gleichen Witze angeben, wie lustig sie sind. Auf diese Weise konnte man Berufskomiker und Studenten vergleichen; unterschied sich die Beurteilung der Studenten in starkem Maße von derjenigen der Komiker, dann war anzunehmen, dass ihr Geschmack nicht den eines breiteren Publikums traf. Am Schluss mussten die Studenten angeben, wie gut sie im Vergleich zu anderen Studenten derselben Universität erkennen können, was lustig ist. Lagen die Studenten in ihrem Geschmack weit von dem der Komiker und vom vermuteten Geschmack des Durchschnitts der Bevölkerung entfernt, dann sollten sie eigentlich auch ein Bewusstsein davon haben, dass sie weniger als andere imstande sind, Lustiges zu erkennen. Dies war aber nicht der Fall: Sie hielten sich für fast genauso gut wie jene Studenten, die den Geschmack der Komiker trafen. Dies heißt also, dass Personen, die inkompetent sind, wenn es um Humor geht, ihre eigene Inkompetenz gar nicht erkennen.

Die Forscher haben nicht nur den Humor untersucht, sondern auch Kompetenz und Inkompetenz in englischer Grammatik und in logischen Schlussfolgerungen, wie wir sie oft im Alltag ziehen. In allen Experimenten zeigte sich das gleiche Bild: Personen, die in den Tests nicht gut abschnitten, glaubten, dass sie recht gut gewesen seien. Das Schlimme war, dass die inkompetenten Studenten nicht nur inkompetent waren, sondern ihre Inkompetenz nicht erkannten.

Warum ist dies so? Inkompetenz bedeutet, dass man etwas nicht weiß; dieses Wissen ist aber nicht nur notwendig, um kompetent zu sein, sondern wäre auch notwendig, um erkennen zu können, dass man inkompetent ist. Dies heißt auch, dass wir Rückmeldung über unsere Fehler erhalten müssen. Dann wissen wir oft sehr schnell, dass wir inkompetent sind: Wer mit Bällen jonglieren will und diese in Sekundenschnelle auf dem Boden wiederfindet, weiß, dass er nicht jonglieren kann. Auch wenn wir einen Computer erfolglos programmieren oder einen Text in chinesischen Schriftzeichen sehen, wissen wir sehr schnell, dass wir nichts wissen. Sind handwerkliches Geschick oder geistige Fertigkeiten gefragt, ohne die wir eine Aufgabe nicht lösen können, dann finden wir uns schnell auf dem Boden der Realität.

Oft scheint aber alles gut zu gehen, und wir erhalten keine Rückmeldung. So gehen wir alle etwa davon aus, unsere Muttersprache fließend und ohne ersichtliche Probleme zu sprechen. Wer sagt mir schon, dass die Vergangenheitsform meiner gesprochenen Sprache nicht den grammatikalischen Regeln des Deutschen entspricht? Kommen wir auf den Humor zurück: Wir alle können mit Leichtigkeit sagen, was wir lustig finden. Aber nur wer weiß, was allgemein als lustig gilt, kann den Geschmack anderer treffen. Zudem verhalten wir uns gegenüber Leuten, die schlechte Witze erzählen, sehr nett: Wir müssen jemanden schon sehr gut kennen, um ihm zu sagen, dass dies nun ein schlechter Witz gewesen sei. Meist geben wir die falsche Rückmeldung: Wir lachen nett und vermitteln so dem Erzähler des Witzes den Eindruck, er habe unseren Geschmack getroffen.[2]

«Darf ich kopieren, weil ich Kopien machen muss?»

Während meiner Studentenzeit war ich Mitglied eines Schachclubs. Eines der Junior-Mitglieder wurde damals Landesmeisterin und durfte zur Weltmeisterschaft fahren. Mit einem Kollegen aus dem Club unterhielt ich mich darüber. Mein Kollege sagte: «Jetzt kann sie zur Weltmeisterschaft fahren, und wer weiß, eines Tages vielleicht zur intergalaktischen Meisterschaft», worauf ich eifrig nickte und sagte: «Ja, ja.» Erst später bin ich draufgekommen, welchen Blödsinn ich da allen Ernstes abgenickt habe. Natürlich dachte ich damals, ich sei der Einzige, der so gedankenlos durch die Welt geht, und regte mich heillos auf.

Bis ich auf das Experiment der Harvard-Psychologin Ellen Langer stieß. Sie hat eine alltägliche Situation untersucht: Man will gerade an den Kopierer treten, da kommt eine andere Person und fragt, ob sie ein paar Kopien machen könne. Langers Versuchsteilnehmer waren alle Personen, die gerade kopieren wollten und von ihrem Glück, der Wissenschaft zu dienen, nichts wussten. Einem ersten Drittel trug die Versuchsleiterin ihr Anliegen ohne jede Begründung vor: «Entschuldigen Sie, ich habe fünf Kopien. Darf ich bitte den Kopierapparat benutzen?»

Immerhin 60 Prozent der Versuchsteilnehmer waren so freundlich, der Fragenden den Vortritt zu lassen. Einer zweiten Gruppe gegenüber wurde das Anliegen wie folgt begründet: «Entschuldigen Sie, ich habe fünf Kopien. Darf ich bitte den Kopierapparat benutzen, weil ich in Eile bin?» In Eile zu sein ist normalerweise ein guter Grund, jemanden vorzulassen, was 94 Prozent der Versuchsteilnehmer auch taten. Im dritten Fall sagte die Versuchsleiterin: «Entschuldigen Sie, ich habe fünf Kopien. Darf ich bitte den Kopierapparat benutzen, weil ich Kopien machen muss?» Natürlich ist der Zusatz «weil ich Kopien machen muss» als Begründung völlig wertlos. Trotzdem ließen 93 Prozent – also praktisch ebenso viele wie bei der guten Begründung – der Fragenden den Vortritt. Anscheinend hat bereits das Wörtchen «weil» bewirkt, dass die Leute glaubten, es gebe einen guten Grund, und sie hörten nicht weiter hin.

Fünf Kopien lassen sich in verhältnismäßig kurzer Zeit machen. Wie reagierten die Teilnehmer, wenn die Versuchsleiterin um zwanzig statt um fünf Kopien bat? In den siebziger Jahren waren Kopierer noch schwerfällige Apparate, die viel langsamer liefen. Da waren zwanzig Kopien eine ganze Menge. In der Tat passten die Versuchsteilnehmer besser auf: Während 42 Prozent der Befragten die Person vorließen, wenn sie in Eile war, waren es nur je 24 Prozent der Personen, wenn entweder kein Grund angegeben wurde oder eben der Scheingrund, dass die Kopien gemacht werden mussten.

Gedankenlosigkeit tritt vor allem dann auf, wenn uns etwas nicht wichtig zu sein scheint. Es mag schwierig sein, uns ein Vermögen aus der Tasche zu locken, aber oft allzu leicht, uns einen kleinen Betrag für etwas abzuluchsen, das wir eigentlich gar nicht wollen. In Gesprächen hören wir oft nur mit halbem Ohr hin, wenn die besprochene Sache für uns keine persönlichen Konsequenzen hat. Da kann es schon mal sein, dass man eifrig nickt, wenn eine Kollegin angeblich an der intergalaktischen Meisterschaft teilnehmen darf.[3]

Auf einem Auge blind

Wir sehen oft Zusammenhänge, die gar nicht existieren. Wir tun dies, weil wir auffälligen Merkmalen mehr Gewicht geben als unauffälligen. Wir glauben dann, dass die auffälligen Merkmale miteinander zusammenhängen.

In einem Experiment erhielten Studenten Ergebnisse des sogenannten «Zeichne einen Menschen»-Tests vorgelegt. Aus gewissen Merkmalen der Zeichnung wird dann auf den psychischen Zustand der Person geschlossen. Angeblich sollten bestimmte Merkmale der gezeichneten Figuren mit bestimmten psychischen Erkrankungen zusammenhängen. Und in der Tat sahen die Versuchspersonen einen Zusammenhang zwischen großen Augen und Verfolgungswahn; auch bei anderen Merkmalen in den Zeichnungen glaubten die Versuchsteilnehmer, auf bestimmte Erkrankungen schließen zu können. Witzigerweise sahen die Versuchspersonen genau die gleichen Zusammenhänge zwischen Zeichnungen und Krankheiten, die auch Psychiater sahen, bevor man herausfand, dass der «Zeichne einen Menschen»-Test keinerlei Aussagekraft hinsichtlich des psychischen Zustands des Zeichners besitzt.

Wie kommen solche vermeintlichen Zusammenhänge zustande? Schauen wir uns ein anderes Beispiel eines typischen Stereotyps an: Weshalb wird der Zusammenhang zwischen Homosexualität und weiblicher Gestik von Beobachtern beträchtlich überschätzt?

Nehmen wir an, in einer Kleinstadt gebe es 1000 heterosexuelle und 100 homosexuelle Männer. Jeweils zehn Prozent der Männer – 100 heterosexuelle und 10 homosexuelle – verfügen über eine auffallend weibliche Gestik. Objektiv gesehen, besteht keinerlei Zusammenhang zwischen Homosexualität und weiblicher Gestik, da es jeweils zehn Prozent beider Gruppen sind, die darüber verfügen. Da aber viele Personen glauben, dass es einen engen Zusammenhang gibt, denken sie bei heterosexuellen Männern mit weiblicher Gestik, dass diese homosexuell seien. Hören sie nicht das Gegenteil, so fühlen sie sich in ihrem Glauben bestätigt. Auf der anderen Seite bleiben all diejenigen Homosexuellen unbeachtet, deren Auftreten männlich ist; man hält sie für heterosexuell, und nur ab und zu hören wir von einem Mann mit männlicher Gestik, dass er homosexuell sei. Beides bestätigt uns – natürlich fälschlicherweise – den angenommenen engen Zusammenhang zwischen Homosexualität und weiblicher Gestik.

Es gibt viele Zusammenhänge, die eine falsche Bestätigung erfahren, bloß weil wir auf einem Auge blind sind.[4]

Vorurteile sind natürlich, aber nicht gut

In den letzten Jahren ist Ausländerfeindlichkeit in der Politik salonfähig geworden. Gegen die moralische Verurteilung solcher Praktiken wird das Argument vorgebracht, die Wähler seien mündige Menschen, die sich frei entscheiden könnten, ob sie sich davon beeinflussen lassen wollen oder nicht. Die neuere psychologische Forschung zeigt jedoch, dass wir in dieser Entscheidung nicht so frei sind.

Die amerikanische Professorin Patricia Devine hat Personen getestet, die entweder starke rassistische Vorurteile gegenüber schwarzen Amerikanern hatten oder frei davon waren. In einem Experiment wurden den Versuchspersonen zuerst Wörter präsentiert, die in Form von Vorurteilen mit Schwarzen in Verbindung gebracht werden, z.B. «faul», «sportlich» oder «Neger». Dabei wurde eine Technik verwendet, die verhinderte, dass die Versuchspersonen diese Wörter bewusst lesen konnten; man weiß aber, dass die darin enthaltene Information trotzdem unbewusst verarbeitet wird. Danach lasen die Versuchspersonen einen Text, der das Verhalten eines Mannes beschrieb, und sollten anschließend dessen Grad von Feindseligkeit beurteilen. Sowohl die Personen mit wenigen wie auch diejenigen mit vielen Vorurteilen ließen sich von den unterschwellig präsentierten Wörtern beeinflussen und beurteilten die Person als feindselig.

In einem zweiten Experiment mussten die Versuchspersonen die gleiche Aufgabe lösen, mit einem Unterschied: Die Verarbeitung geschah nicht unbewusst, sondern völlig bewusst. Diesmal zeigte sich, dass Personen mit einem hohen Ausmaß rassistischer Vorurteile den beschriebenen Mann als weit feindseliger einschätzten als solche ohne Vorurteile. Die beiden Experimente belegen, dass wir nur dann frei entscheiden können, ob wir uns von ausländerfeindlicher Information beeinflussen lassen, wenn wir die betreffende Information bewusst verarbeiten. Können wir dies nicht, dann haben wir kaum eine Chance, uns ihrem Einfluss zu entziehen. Da wir solche Information jedoch häufig nebenbei in den Medien sehen und hören, ist die Gefahr groß, dass wir nicht richtig erfassen, worum es geht. Dies ist gerade die Situation, in der ausländerfeindliche Information auf praktisch alle einwirkt; es liegt nicht in unserer Entscheidung, diesen Einfluss einfach auszublenden.

Einige Kreise wollen uns weismachen, dass Vorurteile im Gehirn fest verdrahtet und deshalb etwas völlig Natürliches seien. Damit wollen sie auch suggerieren, dass alles Natürliche gut sei. Dies ist sicher nicht so. Hier muss klar gesagt werden: Wenn Menschen miteinander und nebeneinander leben wollen, dann müssen sie versuchen, solche natürlichen Neigungen zu überwinden. Dies ist schwierig, aber möglich, wie wir im Kapitel *«Ich will» genügt nicht* sehen werden. Menschen sind lern- und veränderungsfähig; das gehört ebenso zu unserer Natur wie einige fest verdrahtete Programme, die ausgelöst werden, wenn wir einen

Fremden sehen oder beiläufig fremdenfeindliche Parolen hören. Wenn wir den Willen dazu haben, dann kann eine vorurteilslose Haltung Fremden gegenüber zu unserer zweiten Natur werden.[5]

Wie beeinflussen Vorurteile unser Verhalten?

Vorurteile werden zu einem immer wichtigeren Thema in einer Gesellschaft, in der mehr und mehr Kulturen zusammenkommen. Wir haben bereits gesehen, wie Vorurteile unbewusst, sozusagen durch die Hintertür, aktiviert werden können.

Eine wichtige Frage ist, ob Vorurteile zu entsprechenden Handlungen führen. Zur Beantwortung dieser Frage begleitete Richard LaPiere, ein weißer Professor aus Kalifornien, ein chinesisches Paar Anfang der dreißiger Jahre durch die USA. Er ging mit ihnen in über 200 Hotels und Restaurants, um zu sehen, ob das Paar bedient wurde. Zu dieser Zeit gab es starke Vorurteile gegenüber asiatischen Einwanderern und keinerlei Gesetze, die Rassendiskriminierung in Hotels und Restaurants verboten hätte. Das Paar wurde mit einer einzigen Ausnahme problemlos bedient.

Einige Monate später erhielten alle betreffenden Restaurants und Hotels einen Brief mit der Frage, ob sie ein chinesisches Paar bedienen würden. Von den 128 eingegangenen Antworten lauteten 92 Prozent «Nein». Die Studie sagt etwas über die Irrelevanz von Antworten in Fragebögen hinsichtlich der Vorhersage von Verhalten. Die angegebenen Vorurteile gegenüber Chinesen führten nicht zu entsprechendem unfreundlichem Verhalten. Dies entspricht aber nicht unbedingt unseren Erfahrungen: Man liest immer wieder von Übergriffen, in denen etwa rassistische Vorurteile eine Rolle gespielt haben. Wann also führen rassistische Vorurteile zu rassistischen Handlungen?

In neueren Untersuchungen wurde gezeigt, dass Personen dann nach ihren Vorurteilen handeln, wenn diese stark, über die Zeit stabil und dem Handelnden bewusst sind. Dies ist etwa der Fall, wenn eine Gruppe von Skinheads über Ausländer herfällt, weil sie diese nicht in ihrem Quartier haben wollen. Nicht alle Vorurteile führen im Übrigen dazu, dass man sich einer Gruppe gegenüber negativ verhält: Hätten sie Chinesen für schmutzig gehalten, dann hätten die Hotelbesitzer ihnen wohl kein Bett zur Verfügung gestellt. Die Vorurteile waren vermutlich eher diffus, und die gut gekleideten Chinesen in Begleitung des weißen Professors gaben keinen Anlass, ihnen die Übernachtung zu verweigern. Weiter führt ein Vorurteil dann zu entsprechendem Verhalten, wenn es auf direkter Erfahrung beruht. Hätten Hotelbesitzer vorher schlechte Erfahrungen mit chinesischen Gästen gemacht, hätten sie ihnen wohl die Übernachtung verweigert. Da ein überwiegender Teil der Hotelbesitzer anscheinend keine solchen Erfahrungen gemacht hatte, gaben sie ihnen das Hotelzimmer.

Bis heute ist LaPieres Studie von größter Bedeutung, weil es immer noch schwierig ist, von Meinungen und Haltungen auf das Verhalten gegenüber der betreffenden Gruppe zu schließen.[6]

Nein sagen können

Da borgt sich Ihr Nachbar 10 Euro, weil er angeblich kein Geld im Haus hat und schnell zum Gemüsehändler will. Sie geben ihm die 10 Euro und erhalten diese nach zwei Tagen auch wieder zurück. Sechs Wochen darauf hat Ihr Nachbar das Problem, einen Pizzakurier bar bezahlen zu müssen – ob Sie ihm denn nicht die 20 Euro leihen können, die er nach drei Tagen zurückbringt. So geht es weiter: 30 Euro, 50 Euro. Sie können auch nicht Nein sagen, als er Sie zum fünften Mal um Geld anpumpt; er ist nun bei 100 Euro angelangt. Hätte er beim ersten Mal 100 Euro verlangt, dann hätten Sie bestimmt Nein gesagt. Das ist die Masche: klein anfangen, damit der andere nicht Nein sagen kann, und dann langsam steigern. Denn nun wird es schwierig: Warum bei 20 Euro Nein sagen, wenn man bei 10 Euro Ja gesagt hat? Beim dritten Mal und 30 Euro wird einem langsam mulmig, weil man gerne mal aushilft, aber nicht permanent angepumpt werden will.

Die Masche heißt «Fuß in der Tür»-Technik: Hat man einen Fuß in der Tür, dann wird sie der andere nur schwerlich wieder schließen. Diese Technik wurde in einer erstaunlichen Untersuchung benutzt. Die Frage war: Wie bringt man Besitzer von Einfamilienhäusern dazu, ein großes Plakat mit der Aufschrift «Fahre vorsichtig» in den Garten zu stellen? Ein Forscher gab sich als Arbeiter aus, der Hausbesitzer nach ihrer Bereitschaft fragte, ein solches Plakat in ihrem Garten aufzustellen. Er zeigte ihnen ein Foto, auf dem das Plakat ein Einfamilienhaus praktisch verdeckte. Die direkte Frage brachte nicht viel: Nur 17 Prozent der Hausbesitzer sagten Ja, der Rest lehnte ab. Eine andere Gruppe von Hausbesitzern wurde zwei Wochen vorher gebeten, ein kleines Schild – etwa acht Zentimeter breit und acht Zentimeter hoch – mit der Aufschrift «Fahre vorsichtig» anzunehmen und für Passanten sichtbar anzubringen. Kaum ein Hausbesitzer hatte etwas dagegen, diese kleine Tafel am Gartentor oder Zaun anzubringen. Zwei Wochen danach kam der Arbeiter wieder, zeigte dem Hausbesitzer das Foto des Riesenplakats vor dem Haus und fragte, ob sie bereit wären, dieses im Garten aufzustellen. In dieser Gruppe waren 76 Prozent – statt 17 Prozent – der Hausbesitzer dazu bereit. Die kleine Bitte zwei Wochen vorher hatte genügt, eine Mehrheit der Hausbesitzer zum Anbringen einer großen Tafel zu bewegen. Sie können die «Fuß in der Tür»-Technik in vielen Situationen erleben; immer fängt der andere klein an und steigert sacht, so dass Sie fast nicht Nein sagen können.

Wie kann man dem Nachbarn abgewöhnen, Sie um Geld anzupumpen? Die Notlüge, Sie hätten selbst kein Geld im Haus, ist unglaubwürdig und macht Sie verlegen, kann aber ein Ausweg sein. Das wohl Beste ist, dass Sie Ihrem Nachbarn freundlich, aber bestimmt sagen, dass Sie ihm neulich gerne aus der Patsche geholfen hätten, dass aber das Geldborgen auf Dauer keine Lösung sein könne. Es gehe Sie zwar nichts an, wie er seine Finanzen ordne, aber Sie möchten da nicht länger mit einbezogen sein. Meine Erfahrung ist, dass Leute ein offenes Wort erstaunlich gut annehmen.[7]

In der Konfliktfalle

Es gibt verschiedene Ursachen für das Eskalieren eines Konflikts: Man hat eine verzerrte Wahrnehmung vom Gegenüber, hat einen bestimmten Standpunkt geäußert und schämt sich, davon abzuweichen, wendet Taktiken an, die unsachlich sind, oder findet Personen, von denen man sich Stärkung erhofft, um den Konflikt zu gewinnen.

Ein Kennzeichen eskalierender Konflikte ist, dass die beiden Streithähne oft eine Menge Zeit, Energie und Geld aufwenden, die im Hinblick auf den möglichen Gewinn gar nicht gerechtfertigt sind. Außenstehende können da nur noch staunen. Gerichtsprozesse um den Grenzverlauf zwischen zwei benachbarten Grundstücken können mehr Geld kosten als das Fleckchen Land, das jeder Nachbar gewinnen oder verlieren kann. Je mehr die Parteien aber in den Streit investiert haben, desto weniger können sie von ihrem vermeintlichen Recht absehen und einer gütlichen Lösung zustimmen. Sie befinden sich in einer regelrechten Konfliktfalle, aus der sie nicht mehr herausfinden.

Der Ökonom Martin Shubik hat in den frühen siebziger Jahren die Dollar-Auktion vorgestellt, eine Versteigerung, bei der man einen Dollar kaufen kann. Jeder kann bieten, und es gibt kein Minimalangebot. Es ist eine gute Gelegenheit, einen Dollar für weniger als einen Dollar zu kaufen. Der Höchstbietende erhält den Dollar und hat den gebotenen Betrag zu bezahlen. Es gibt aber eine zusätzliche Regel: Jeder, der bietet, hat den höchsten Betrag zu bezahlen, den er geboten hat. Wenn ich 95 Cent geboten habe und ein anderer einen Dollar bietet, dann müsste ich die 95 Cent bezahlen, ohne den Dollar zu erhalten. Woraus folgt, dass ich 90 Cent weniger verliere, wenn ich 1,05 Dollar biete und den Dollar bekomme, als wenn ich 95 Cent bezahlen muss und nichts erhalte. Natürlich überlegt sich der andere dies auch und wird nun seinerseits 1,10 Dollar bieten, damit er nur 10 Cent verliert statt einen Dollar. Bis in welche Höhen sich der Bieterwettstreit auch hinaufschraubt: Erhält man schließlich den Dollar, ist der Verlust immer weniger hoch, als wenn man den höchsten gebotenen Betrag bezahlen muss, ohne den Gegenwert zu bekommen. Verschiedene Studien haben gezeigt, dass die bietende Person zuerst meint, sie könne den Dollar günstig erwerben. Da andere dies auch glauben, bieten diese mit. Bei einem Gebot von einem Dollar angelangt, will nun jeder seinen Verlust minimieren und vielleicht auch einfach den Sieg davontragen, selbst wenn dieser teuer erkauft ist. Was immer die Motive sein mögen: In einigen Experimenten haben Personen bis zu zwanzig Dollar geboten, um den einen Dollar zu bekommen!

Was können wir aus der Dollar-Auktion lernen? Zuerst, dass wir uns vorher gut überlegen sollten, ob wir überhaupt in einen Streit investieren wollen. Das ist nicht leicht, da wir zum Zeitpunkt einer Entscheidung meist sauer auf den anderen sind, so dass wir mehr investieren, als wenn wir in Ruhe überlegen würden. Eskaliert der Konflikt, dann muss man sich durch Verhandeln aus der Konfliktfalle lösen können. Miteinander reden und eine Lösung suchen heißt, weder nachzugeben noch auf seinem Standpunkt zu beharren, sondern prinzipienorientiert zu verhandeln. Die Prinzipien können auf dem Gesetz gründen, wenn es um einen Flecken Land geht, oder auf einer Leistungsnorm, wenn es um Prämien geht. Prinzipienorientiertes Verhandeln bedeutet, dass man aus der eigenen Haut schlüpft und sich fragt, wie dies ein Außenstehender sehen würde. Wir können auch einen Außenstehenden fragen, aber nicht einen, der mich oder den anderen unterstützt, sondern jemanden, der neutral ist.

Am besten ist es, sich in einem Konflikt von vornherein zu fragen, was die gerechteste Lösung ist, statt was für einen selbst die beste Lösung wäre.[8]

Liebe und Ehe

Die Logik des Sichverliebens

Dass die Psychologie so trockene Themen wie Gedächtnis und Denken wissenschaftlich abhandeln kann, ist noch einigermaßen nachvollziehbar. Aber wie steht es mit den heißen Themen, mit Gefühlen, Sehnsucht, Liebe? Kann man sich vorstellen, dass hinter Ärger, Wut, Hass oder Verliebtsein eine wissenschaftlich zu untersuchende Logik steckt? Sich zu verlieben kommt doch derart überraschend, überwältigt uns, ohne dass wir uns dagegen wehren könnten, und nimmt uns mit auf eine wild schlingernde Bahn, auf deren Kurs wir keinen Einfluss haben – lässt sich ein solches Verhalten überhaupt wissenschaftlich untersuchen? Gibt es so etwas wie eine Logik des Sichverliebens?

Niederländische Forscher haben in einer Fragebogenstudie Personen gebeten zu beschreiben, wie das war, wenn sie sich verliebten. In der Tat schälte sich eine ganz bestimmte Reihenfolge vom Treffen einer Person bis zur Verliebtheit heraus: Als Erstes muss eine Person bereit sein, sich zu verlieben. Ohne diese Bereitschaft geht gar nichts. Ist eine Person bereit – weil sie einsam ist oder weil sie Abwechslung sucht –, dann muss sie eine andere Person treffen, die ihr Interesse weckt, entweder aufgrund ihrer Attraktivität oder oft einfach, weil sie «da ist». Nun muss die andere Person irgendein Zeichen geben, das Interesse signalisiert. Das kann ein nettes Lächeln, Zustimmung oder ein flüchtiger Blick sein. Man gebe nun der Person etwas Zeit – die Selbstberichte sprechen von einer halben Stunde bis zu einem halben Tag –, um in ihren Träumen und Phantasien zu schwelgen. Jetzt bedarf es von Seiten der anderen Person nicht mehr als nochmals ein Zeichen des Interesses oder ein Lächeln, und die Verliebtheit steht in vollster Blüte.

So logisch und im Grunde trocken entwickelt sich Verliebtheit. Wir können dieses Gefühl immer wieder und mit unterschiedlichsten Personen haben. Bei jedem einzelnen Schritt können wir darüber nachdenken, was vor sich geht, und dem Prozess auch Einhalt gebieten, wenn wir nur wollen. Das mag ernüchternd klingen, es hilft uns aber, in der Verliebtheit nicht mehr als eine Initialzündung zu sehen, die dazu beiträgt, Interesse an einer anderen Person zu finden und eine Beziehung über die erste Zeit zu bringen. Danach muss sich eine Zusammengehörigkeit entwickeln, die im Vergleich zu den Wogen der Verliebtheit sehr ruhig ist. Aber auch das kann man genießen.[9]

Aus Angst wird Lust

Verliebt sich ein Mann, der soeben Angst verspürt hat, eher als einer, der cool geblieben ist? Eine Studie aus Kanada zeigte, wie Angst in sexuelle Anziehung übergehen kann. Die Studie wurde an zwei Brücken durchgeführt. Die eine Brücke war stabil; so, wie wir uns normalerweise eine Brücke vorstellen. Die andere Brücke hingegen war wacklig und verlief über einer hohen Schlucht, so dass einem bei der Überquerung angst und bange werden konnte.

Männer, die eine der Brücken überquerten, wurden einige Minuten danach von einer weiblichen Person angesprochen; sie zeigte ihnen das Bild einer Frau, die mit der einen Hand das Gesicht bedeckte. Die Versuchspersonen sollten dazu eine Geschichte erfinden. Das Bild hatte keinen offensichtlichen sexuellen Inhalt. Am Ende der Befragung bot die Befragerin dem Mann an, ihm ihre Telefonnummer zu geben, damit er sich über das Ergebnis der Studie informieren könne.

Gemessen wurde, wie viele Personen später telefonierten und in welchem Ausmaß die Männer sexuellen Inhalt in ihre Interpretation des Bildes einflochten.

Von den Männern, die die wacklige Brücke überquert hatten, riefen neun von 18 später an, aber nur zwei von den 16, die über die stabile Brücke gegangen waren. Die wacklige Brücke rief bei den Männern auch in stärkerem Maße sexuelle Interpretationen des Bildes hervor als die stabile Brücke.

Was besagt die Untersuchung? Wenn Männer über eine Brücke gehen, die ihnen Angst einflößt, so führt dies zu physiologischer Aktivierung: Der Puls steigt, sie spüren ein Ziehen in der Magengegend und fangen an zu schwitzen. Diese Aktivierung spüren Männer nicht nur auf einer wackeligen Brücke, sondern auch dann, wenn sie einer hübschen Frau gegenüberstehen. Wenn sie nach dem angsteinflößenden Ereignis einige Minuten warten, dann schwitzen sie immer noch, wissen nur nicht mehr, warum. Tritt nun eine hübsche Frau auf den Plan, empfinden sie dies umso intensiver, weil die vom vorherigen Ereignis verursachte Aktivierung immer noch vorhanden ist, jedoch der hübschen Frau zugeschrieben wird.[10]

Der erste Eindruck zählt!

Beim ersten Treffen mit der neuen Hoffnung aus der Internet-Kontaktbörse geben wir uns die allergrößte Mühe, einen guten Eindruck zu hinterlassen. Wir sitzen ruhig, hören aufmerksam zu und passen auf, dass uns das Cola-Glas nicht umkippt. In vielen Untersuchungen konnte die Wichtigkeit des ersten Eindrucks klar aufgezeigt werden. Warum ist der erste Eindruck so wichtig? Es gibt dafür mindestens zwei Gründe.

Erstens behält das Gedächtnis den ersten und vielleicht auch den letzten Eindruck am besten. Warum? Gedächtnisinhalte stehen gewissermaßen miteinander im Wettbewerb darum, behalten zu werden. Dabei werden sie von anderen Gedächtnisinhalten gestört, die vorher oder nachher gespeichert wurden. Wenn wir eine Person zum ersten Mal sehen, gibt es keinerlei frühere Gedächtnisinhalte, die diesen ersten Eindruck stören, so dass nur nachfolgende Inhalte dazu beitragen könnten, den ersten Eindruck zu vergessen. Der erste Eindruck wird also besser behalten, weil er weniger gestört wird; dies ist lediglich beim letzten Eindruck ebenfalls so, weil ihn keine nachfolgenden Erinnerungen mehr abschwächen können.

Es gibt aber einen zweiten Grund, weshalb der erste Eindruck besonders zählt: Wir bauen auf ihm auf. Ist unser erster Eindruck, dass eine Person intelligent sei, dann suchen wir nach weiterer Information, die die vermutete Intelligenz bestätigt, aber nicht nach Information, die diesen Eindruck widerlegt. Dies führt dazu, dass wir intelligente Antworten stärker gewichten als nicht so kluge Bemerkungen, es sei denn, eine Bemerkung ist extrem dumm. Ist unser erster Eindruck hingegen, die Person sei dumm, dann suchen wir nach Zeichen, die die vermutete Dummheit bestätigen. Wir hören aufmerksam jeder Bemerkung zu, um herauszufinden, ob der erste Eindruck richtig ist. Da wir nach der Bestätigung unserer Annahme suchen, nicht nach deren Widerlegung, werden auf diese Weise dumme Bemerkungen mehr gewichtet als gescheite.

Da ist es bitter, wenn man nervös ist und einem beim ersten Rendezvous alles misslingt. Vielleicht aber ist das alles halb so schlimm: Als ich Hélène das erste Mal traf, bin ich nervös gewesen, habe bestimmt viel zu viel geredet und erst noch mein Glas Cola umgekippt – sie ist heute trotzdem meine Frau.[11]

Ist eine Frau schön, dann – so die landläufige Meinung – ist sie auch «gut». Amerikanische Forscher fragten sich deshalb, ob attraktive Frauen freundlicher sind, weil Männer sie für besser halten als weniger attraktive Frauen und deshalb freundlicher mit ihnen umgehen. Um dies zu testen, luden sie männliche und weibliche Studenten zur Teilnahme an einem Experiment ein, in dem angeblich erforscht wurde, wie man sich kennen lerne. Die männlichen Studenten erhielten eine Mappe mit der Information einer Mitstudentin, unter anderem einem Foto. Die Hälfte der Studenten erhielt ein Foto mit einer äußerst attraktiven, die andere Hälfte das Foto einer unattraktiven Studentin. Die Bilder hatten keinerlei Zusammenhang mit jenen Studentinnen, mit denen die Studenten nachher zehn Minuten telefonieren durften. Das Gespräch wurde – mit Zustimmung der Versuchsteilnehmer – auf Tonband aufgenommen und ausgewertet. Vor dem Gespräch, aber nach dem Anblick des Fotos füllten die Studenten einen Fragebogen aus, in dem sie nach den Eigenschaften der betreffenden Studentin gefragt wurden.

Es zeigte sich, dass die Männer wesentlich freundlicher und witziger waren, wenn sie eine attraktive Studentin am anderen Ende der Leitung glaubten. Die Gesprächspartnerinnen wurden dadurch auch heiterer und freundlicher. Dies ist eine typische sich selbst erfüllende Prophezeiung: Die Männer glaubten, eine attraktive Frau vor sich zu haben, und bildeten sich ein, diese sei nett und humorvoll. Also unterhielten sie sich, wie man dies mit einer netten und humorvollen Person tut, nämlich heiter und angeregt. Dies wiederum führte dazu, dass die Frauen tatsächlich netter und humorvoller waren. Ein anderes Bild zeigte sich bei jenen Studenten, die glaubten, eine unattraktive Studentin sei am Draht. Sie stellten sich eine ernste und wenig gesellige Person vor; entsprechend redeten sie auch mit ihr: unmotiviert und lauwarm. Kein Wunder, dass sich die Frauen genauso ernst und ungesellig gaben, wie die Männer sich dies vorstellten.

Sich selbst erfüllende Prophezeiungen sind allgegenwärtig, wie folgende zwei Beispiele zeigen:

Der Harvard-Psychologe Robert Rosenthal veröffentlichte eine Studie, die weltweit Aufsehen erregte: Von bestimmten Schülern in einer Klasse wurde dem Lehrer berichtet, sie seien gut und würden im kommenden Schuljahr aufblühen. Obwohl man die betreffenden Schüler tatsächlich nach dem Zufallsprinzip ausgewählt hatte, waren sie nach Ablauf des Schuljahres an der Spitze der Klasse anzutreffen. Die Lehrer förderten die vermeintlich guten Schüler mehr als die anderen.

Wenn ich glaube, dass meine Chefin mich mag, werde ich mich natürlicher verhalten, als wenn ich glaube, dass sie etwas gegen mich hat. Diese Natürlichkeit wiederum dürfte dazu führen, dass sie mich mit der Zeit mehr mag, als wenn ich mich reserviert verhalten hätte, im Glauben, dass sie mich nicht mag. Vielleicht liegt hier die Kraft des positiven Denkens.[12]

Können wir uns auf unser Gefühl verlassen?

Der Begründer der Evolutionstheorie, Charles Darwin, hat sich mit Ende zwanzig in aller Ruhe die Frage gestellt, ob er heiraten solle. Er hat dafür eine Methode angewandt, die im heutigen Management gang und gäbe ist, um rational begründete Entscheidungen zu fällen: Er teilte eine Seite in zwei Hälften, schrieb über die linke Hälfte «Heiraten» und über die rechte Hälfte «Nicht heiraten». Links listete er verschiedene Vorteile auf: Kommt er abends nach Hause, dann ist die gute Stube geheizt; eine liebe Frau erwartet ihn, die eine angenehme Gefährtin bis ins hohe Alter bleibt. Unter den Nachteilen führte er an, dass er weniger in den Club gehen und dort intelligente Diskussionen führen könne; dass er weniger Geld für Bücher zur Verfügung habe und besonders: Die Verwandtschaft verdopple sich mit der Heirat und verschlinge schrecklich viel Zeit für all die Besuche. Zuletzt listete er den für ihn entscheidenden Vorteil auf: Kinder, Kinder, Kinder! Also heiratete er Emma Wedgwood, hatte mit ihr zehn Kinder und löste zugleich noch auf elegante Weise das Problem der größeren Verwandtschaft: Die Auserwählte war seine Cousine, so dass sich der Zuwachs an Verwandtschaft in Grenzen hielt.

Mal Hand aufs Herz: Haben Sie auf diese Weise entschieden, zu heiraten oder nicht zu heiraten? Haben Sie einen Partner gewählt, indem Sie links seine Vorteile und rechts seine Nachteile aufgelistet haben? Oder haben Sie links «Thomas» und rechts «Adrian» aufgeführt und die beiden nach bestimmten ausgeklügelten Kriterien miteinander verglichen? Wenn Sie es gemacht haben wie die meisten, dann haben Sie geheiratet, weil Sie das Gefühl hatten, den Partner fürs Leben gefunden zu haben.

Wir entscheiden uns nicht nur nach dem Gefühl, sondern fahren im Großen und Ganzen recht gut damit. Wie kann das funktionieren? Der amerikanische Neurologe Antonio Damasio und seine Kollegen führten Studien durch, die zeigen, dass Menschen Gefühle nutzen können, um richtige Entscheidungen zu treffen. In einer Studie spielten gesunde Versuchsteilnehmer ein Spiel, in dem über mehrere Runden hinweg aus verschiedenen Stapeln Karten zu ziehen waren, mit denen man gewinnen oder verlieren konnte; ihre Aufgabe bestand darin herauszufinden, welcher Kartenstapel gewinnträchtig war. Es zeigte sich, dass Personen die vorteilhaften Karten bereits regelmäßig zogen, bevor sie noch wussten, welcher der bessere Stapel war. Diese richtige Wahl wurde von einer physiologischen Aktivierung begleitet, wie sie nicht vorkam bei Personen, die den richtigen Stapel nicht oder noch nicht bevorzugten. Eine andere Gruppe von Versuchsteilnehmern waren Patienten mit einer Verletzung im präfrontalen Kortex. Dies ist eine Hirnregion, die für Gefühle wichtig ist. Diese Versuchsteilnehmer konnten die richtige, risikolose Strategie nicht erlernen und zeigten auch nicht die bei den gesunden Teilnehmern beobachtete physiologische Aktivierung. Die Hirnverletzung führt zu einer Verflachung des Gefühlslebens und verunmöglicht optimale Entscheidungen.

Menschen treffen in ihrem Leben häufig Entscheidungen, größere und kleinere. Jede Entscheidung hat Konsequenzen, positive oder negative. Positive Konsequenzen führen zu positiven Gefühlen wie Freude oder Stolz, während negative Konsequenzen zu negativen Gefühlen wie Ärger oder Scham führen. Wenn wir als Erwachsene vor einer Entscheidung stehen, dann verdichten sich alle Gefühle früherer ähnlicher Entscheidungen zu einem «Bauchgefühl», das für uns unbestimmbar ist; wir sind nicht imstande zu sagen, woher es kommt, und können es daher auch nicht als Rechtfertigung für unsere Entscheidungen einsetzen. Wenn aber Damasio recht hat – und vieles spricht dafür –, dann hätten unsere Gefühle eine rationale Grundlage: nämlich den gesamten Erfahrungsschatz unseres bisherigen Lebens.[13]

Gilt im Haushalt 2 x 50 = 120?

Fragt man verschiedene Ehepaare danach, wer wie viel Prozent der Hausarbeit leiste, dann liegt die Summe der angegebenen Anteile meist über 100 Prozent. Dieser Befund gilt auch für andere Gemeinschaften, seien es Wohngemeinschaften, Projektteams oder Basketballmannschaften. Fragt man nach dem prozentualen Anteil, den ein Einzelner für die Gesamtheit leistet, liegt die Summe der Anteile oft über 100 Prozent.

Wie kommt dies? Ein oft dafür angegebener Grund ist,

dass man sich selbst gerne im besten Lichte sieht und deshalb seinen eigenen Anteil an der Gesamtarbeit überschätzt. Es gibt indes noch einen weiteren Grund, der nichts mit der Motivation zu tun hat, sich selbst positiv zu sehen. Stellen Sie sich vor, Sie würden danach gefragt, welchen Anteil Sie an der Hausarbeit leisten. Sehr leicht kommt Ihnen in den Sinn, wie Sie soeben den Geschirrspüler von sauberem Geschirr befreit und mit schmutzigem Geschirr wieder gefüllt haben. Dass Ihr Partner oder Ihre Mitbewohner in dieser Zeit den Boden gewischt haben, daran denken Sie nicht. Sie erinnern sich, wie Sie die Wiener Schnitzel selbst paniert haben; die Mühe, die es Ihrem Partner bereitete, das Tiramisu auf den Tisch zu bringen, haben Sie nicht verspürt. Selbst wenn Sie also wissen, dass Ihr Partner auch etwas geleistet hat – erstens sehen Sie nicht alles, weshalb Sie sich eher an die eigene Arbeit als an die Arbeit des anderen erinnern können, und zweitens ist Ihnen Ihre eigene Arbeit viel lebhafter in Erinnerung als diejenige Ihres Partners: Sie können sich noch genau an Ihre Rückenschmerzen erinnern, als Sie den Keller aufräumten; die Rückenschmerzen, die Ihren Schatz nach der Fensterreinigung plagten, haben Sie hingegen nicht gespürt.

Der Grund, weshalb Personen ihren eigenen Anteil an gemeinsamer Arbeit überschätzen, ist die Verfügbarkeit der Information im Gedächtnis. Verfügbarkeit meint hier einerseits die Leichtigkeit des Abrufs der Information; wir erinnern Ereignisse leichter, wenn sie oft geschehen, so dass die Verfügbarkeit von der Häufigkeit eines Ereignisses abhängt. Andererseits hängt die Verfügbarkeit von der Lebhaftigkeit der Information ab, also der schmerzende eigene Rücken gegenüber dem schmerzenden Rücken des Partners. Wenn Personen ihre eigenen Leistungen überschätzen, hat es nicht nur damit zu tun, dass sie sich im besten Lichte sehen wollen, sondern auch damit, dass ihnen ihre eigene Leistung geläufiger ist als die der anderen.[14]

Sie: «Ich bin doch nicht deine Putzfrau!»

Er: «Richtig. Wenn du meine Putzfrau wärst, dann hätten wir ein sauberes Haus.»

Sie können sich vorstellen, dass diese Ehe bald in die Brüche ging. Wie ruinieren Ehepaare ihre Ehe, so dass es zur Scheidung kommt? In einem Langzeitprojekt untersuchten John Gottman und Robert Levenson verheiratete Paare aus Bloomington, Indiana. Sie fanden heraus, dass es vier Verhaltensweisen sind, die eine Ehe ruinieren:

Erstens Herumnörgeln und negative Kritik. Wir alle haben schon erlebt, wie mühsam es ist, wenn jemand an uns rummäkelt und wir es nie richtig machen können. Wenn aber Kritik locker und spielerisch – aber nicht spöttisch – vorgebracht wird, so dass sie vom anderen akzeptiert werden kann, dann kann dies für die Ehe sogar positiv sein.

Zwei weitere Verhaltensweisen sind Abwehr und die Weigerung, Probleme zu lösen: Wenn Ehepartner nicht offen miteinander über ihre Schwierigkeiten reden können, dann gibt's erst recht Schwierigkeiten. Dies scheint vor allem bei Männern ein Problem zu sein: Wenn sie ausweichen, sich zurückziehen und sich wehren, sobald die Ehefrau ein Problem aufwirft, dann sinkt die Ehezufriedenheit massiv.

Viertens hat sich Verachtung des Ehepartners als besonders giftig für die Ehe erwiesen. Man muss sich nur das eingangs zitierte Gespräch vergegenwärtigen und weiß, was damit gemeint ist. Man beobachtete Ehepaare nur fünfzehn Minuten bei der Diskussion eines Streitthemas und spürte aus den Gesichtern mit einem speziellen Kodierungsverfahren Zeichen der Verachtung auf. Damit konnten die Forscher die Wahrscheinlichkeit einer Scheidung innerhalb der nächsten vierzehn Jahre ganz gut vorhersagen: Eheleute, die sich scheiden ließen, zeigten zwei- bis dreimal mehr Verachtung füreinander als Eheleute, die zusammenblieben.

Man hat auch herausgefunden, warum einige Ehen relativ bald und andere erst nach vielen Jahren geschieden werden: Sind negative Emotionen wie Ärger oder Verachtung im Spiel, dann lassen sich Ehepartner oft nach wenigen Jahren scheiden. Länger halten es Ehepaare miteinander aus, wenn positive Emotionen, zum Beispiel Humor oder Interesse füreinander, ganz einfach fehlen.

Gottman und seine Mitarbeiter beobachteten in einer fünfzehnminütigen Diskussion zwischen den beiden Eheleuten die vier vergiftenden Verhaltensweisen. In 93 Prozent der Ehen konnte aufgrund dieser vier Verhaltensweisen richtig vorhergesagt werden, ob die Ehepartner sich scheiden ließen oder zusammenblieben. Es kann sich also lohnen, die Schwierigkeiten offen anzugehen und zu versuchen, negative Gefühle abzubauen und mit der Zeit in positive Gefühle umzuwandeln.[15]

Der gefärbte Blick zurück

Ein Kollege von Ihnen ist total verknallt. Er erzählt Ihnen in den blumigsten Worten von seiner neuen Liebe.

Zwei Monate später sehen Sie Ihren Kollegen wieder. Die Beziehung ist im Eimer, nichts mehr von der neuen Liebe. Da sagt Ihnen der Kollege: «Ich habe schon immer gedacht, dass sie nicht die Richtige ist.» Haben Sie richtig gehört? Glaubt er das wirklich selbst?

In der Tat konnte festgestellt werden, dass eigene Wünsche und Ansichten eine wesentliche Rolle beim Erinnern spielen. In einer dieser Untersuchungen mussten Studierende den Freund bzw. die Freundin und ihre Beziehung ein erstes Mal hinsichtlich Ehrlichkeit, Freundlichkeit und Intelligenz einschätzen. Zwei Monate später mussten sie diese Eigenschaften nochmals einschätzen und angeben, wie ihre ersten Einschätzungen lauteten. Wessen Beziehung sich zum Negativen hin entwickelt hatte, der glaubte, auch zwei Monate zuvor eine negativere Einschätzung vorgenommen zu haben, als dies tatsächlich der Fall war. Wer hingegen angab, den Freund bzw. die Freundin noch mehr zu lieben, «erinnerte» sich auch an eine positivere Einschätzung, als er sie vor zwei Monaten tatsächlich abgegeben hatte.

Dies zeigt, dass Ihr Kollege es mit größter Wahrscheinlichkeit ernst meint: Er glaubt tatsächlich, schon immer daran gezweifelt zu haben, dass seine Freundin die Richtige sei. Mit der Beziehung hat sich auch die Erinnerung verändert.[16]

Die lieben Kleinen

Mama ist die Beste!

Wenn eine werdende Mutter liebevoll mit ihrem ungeborenen Kind redet: Hört das Kind sie auch? Bis vor dreißig Jahren kannte man die Antwort auf diese Frage nicht. Anthony DeCasper und seine Mitarbeiter veröffentlichten zu Beginn der achtziger Jahre mehrere Studien, die zeigten, dass Neugeborene die Stimme der Mutter in der Tat wiedererkennen können und ihr auch gegenüber anderen Stimmen den Vorzug geben. Wie hat er dies herausgefunden?

Kleine Kinder können ja nichts sagen, also muss man ihre Vorlieben auf indirektem Weg erschließen. Zu den Dingen, die bereits Neugeborene gut können, zählt das Saugen. Sie können auch die Geschwindigkeit des Saugens verändern. DeCasper hatte nun folgende Idee: Man lässt Neugeborene an einem Schnuller saugen und misst die durchschnittliche Sauggeschwindigkeit. Dann bietet man ihnen zwei Stimmen zur Auswahl an: Saugen sie schneller, dann ertönt die Stimme der Mutter vom Tonband; saugen sie langsamer, dann ist die Stimme einer fremden Frau zu hören. Misst man nun die neue Sauggeschwindigkeit, kann man sehen, ob die Neugeborenen schneller saugen oder nicht. In der Tat konnte DeCasper zeigen, dass die Kleinkinder schneller saugten.

Anderen Säuglingen spielte er die Stimme der Mutter vor, wenn sie langsamer saugten, und die Stimme der fremden Frau, wenn sie schneller saugten; diese Säuglinge begannen, langsamer zu saugen, um die Stimme der Mutter zu hören. Dieses Resultat zeigt deutlich, dass bereits Kleinkinder die

Stimme der Mutter von den Stimmen anderer Frauen unterscheiden können und Erstere klar bevorzugen.

Später wurden die Stimmen der Väter unter die Lupe genommen. Konnten Mädchen in einem Alter von zwei Tagen zwischen der Stimme des Vaters und der Stimme eines fremden Mannes wählen, so ergab sich keine nennenswerte Präferenz, selbst dann nicht, wenn die Väter direkt nach der Geburt mit ihren Töchtern zu reden begonnen hatten. Die Neugeborenen hörten sogar lieber den Herzschlag der Mütter – den sie auch schon im Mutterleib gehört hatten – als die Stimme des Vaters. Zusammengefasst bevorzugen die Neugeborenen die Stimme der Mutter gegenüber der Stimme einer fremden Frau; diese wiederum wird lieber gehört als männliche Stimmen – sei es die des Vaters oder die eines anderen Mannes.

Man kann sich fragen, ob die Neugeborenen, die innerhalb der allerersten Tage getestet wurden, die Stimme der Mutter nicht bereits nach der Geburt oft genug gehört hatten, um sich daran zu gewöhnen. Dagegen spricht aber das Ergebnis, dass Väter nach der Geburt mit ihren Töchtern reden konnten, ohne dass diese die väterliche Stimme lieb gewonnen hätten; also kann Reden nach der Geburt nicht der Grund der Bevorzugung gewesen sein. Eine andere Untersuchung zeigte, dass die Kinder bereits vor der Geburt die Stimme der Mutter hören. Dazu musste die Mutter in den letzten sechs Wochen vor der Geburt eine bestimmte Geschichte vorlesen. Wiederum konnte das Kind durch die Geschwindigkeit des Saugens bestimmen, ob es die Geschichte hören wollte, die ihm bereits im Mutterleib vorgelesen worden war, oder eine andere, neue Geschichte. In der Tat bevorzugten Neugeborene die Geschichte, die sie schon im Mutterleib gehört hatten. Diese und weitere Untersuchungen zeigen klar, dass das Ungeborene im letzten Drittel der Schwangerschaft die mütterliche Stimme und bestimmte Klangbilder hören kann und diese auch nach der Geburt gerne weiter hört.[17]

Spieglein, Spieglein an der Wand ...

Können sich kleine Kinder selbst im Spiegel erkennen? Um dies zu testen, malten die Forscher einem Kind einen roten Punkt auf die Nase, ohne ihm etwas davon zu sagen. Dann setzten sie das Kind vor den Spiegel und beobachteten seine Reaktion. In der Tat faszinierte der rote Punkt die Kinder. Bis zum Alter von etwa eineinhalb Jahren zeigten die Kinder auf die Nase im Spiegel. Sie schienen noch nicht zu begreifen, dass das Kind im Spiegel sie selbst waren. Erst im Alter von eineinhalb bis zwei Jahren begannen die Kinder, auf die eigene Nase zu zeigen. Sie wussten nun, dass sich der rote Punkt auf ihrer eigenen Nase befand, und begutachteten diesen.

Nur wenige Tiere sind fähig, ihr eigenes Spiegelbild zu erkennen. Zu diesen gehören Menschenaffen, Delphine und wahrscheinlich auch Elefanten. Man kann verschiedene Tests machen: Elefanten etwa beginnen, ihre eigenen Ohren im Spiegel zu inspizieren, und wippen den Kopf hin und her, um zu beobachten, ob der Kopf im Spiegel auch hin und her wippt. Und einer der drei getesteten Elefanten zeigte mit dem Rüssel auch auf den weißen Punkt, den man ihm oberhalb des Auges angebracht hatte.

Bei Kindern entwickelt sich die Fähigkeit zum Mitgefühl um den Zeitpunkt herum, ab dem sie ihr eigenes Spiegelbild erkennen. Mitgefühl wiederum ist eine Voraussetzung zu uneigennützigem Verhalten gegenüber anderen Menschen. Man vermutet deshalb, dass das Erkennen des eigenen Spiegelbildes mit der Fähigkeit zu Mitgefühl zu tun hat. Auch die oben genannten Tierarten, die sich selbst im Spiegel erkennen, leben wie wir Menschen in komplexen sozialen Systemen und sind imstande, uneigennütziges Verhalten zu zeigen.[18]

Zum Schwierigeren, das einem Vater abverlangt wird, gehört das Haarewaschen seiner Kleinen. Mein Sohn Eric bekam einmal beim Haarewaschen Wasser in die Augen, was er absolut nicht mochte. Er weinte fürchterlich und wollte die Badewanne sofort verlassen. Als fürsorglicher Vater entsprach ich seinem Wunsch auf der Stelle und nahm das arme Kind aus der Badewanne. Nun aber wollte er das nächste Mal partout nicht baden – aus Angst vor dem Haarewaschen. Hätte ich – nachdem das Malheur passiert war und Eric weinte – etwas besser machen können?

Man hat in verschiedenen Studien herausgefunden, dass Personen beim Erinnern unangenehmer Ereignisse vor allem auf die Spitzenintensität und auf den Schluss achten, nicht aber auf die Dauer. Patienten, die sich einer schmerzhaften Darmspiegelung unterziehen mussten, sollten anschließend beurteilen, wie viel Schmerz sie verspürt hatten. Für die nachträgliche Beurteilung des Schmerzes spielte die *Dauer* der schmerzvollen Behandlung praktisch keine Rolle; man spricht diesbezüglich von der Vernachlässigung der Dauer. Eine entscheidende Rolle hingegen spielten der *intensivste* Schmerz und derjenige, der am *Ende* der Behandlung empfunden wurde; am negativsten war die Schmerzerfahrung, wenn der größte Schmerz mit dem Ende der Behandlung zusammenfiel. Wäre der intensiven Schmerzerfahrung noch zusätzlicher, weniger intensiver Schmerz gefolgt, dann wäre die Erinnerung an die Darmspiegelung insgesamt weniger schmerzlich gewesen.

Daraus habe ich meine Lehren fürs Haarewaschen gezogen: Nimmt man das Kind sofort aus der Badewanne, wenn ihm Wasser in die Augen gekommen ist, dann ist seine Erinnerung an das Baden negativ, weil dessen Ende mit dem Missgeschick beim Haarewaschen zusammenfällt. Wenn Anne-Sophie – meine Jüngste – mal Wasser in die Augen bekommt, nehme ich sie nicht sofort aus dem Bad, sondern beruhige sie und lasse sie dann ein wenig spielen. Immerhin mit dem Erfolg, dass sie auch nach misslungenem Haarewaschen beim nächsten Mal gerne in die Badewanne steigt. Ende gut, alles gut.[19]

Sind Kinderkrippen schädlich?

Jeden Morgen das gleiche Bild: Mütter – manchmal auch Väter – fahren ihre Kinder zur Kinderkrippe. Manche Kinder freuen sich, andere schmiegen sich an die Mutter und möchten am liebsten bei ihr bleiben. Manche Eltern fragen sich: Tun wir das Richtige?

Die Klärung dieser Frage hat sich der in London lehrende Entwicklungspsychologe Jay Belsky zur Lebensaufgabe gemacht, und die Ergebnisse wurden hitzig diskutiert. Er zeigte, dass Kinder, die im Alter von bis zu zwei Jahren mehr als zwanzig Stunden in der Woche in der Kinderkrippe waren, bei bestimmten Denkaufgaben besser abschnitten als Gleichaltrige, die zu Hause betreut wurden, aber dafür weniger Mutterbindung und mehr Problemverhalten zeigten. Je mehr die Kinder fremdbetreut wurden, desto ausgeprägter waren die Auswirkungen. Warum dies so ist, war vorerst nicht Gegenstand der Forschung.

Gleichberechtigte Karrierechancen für Männer und Frauen erfordern die Betreuung von Kleinkindern in Kinderkrippen, da die wenigsten Herren der Schöpfung sich vorstellen können, ihre Kleinen zu wickeln und mit ihnen zu spielen. Da passt ein Forschungsresultat, das einen Nachteil der Betreuung in Kinderkrippen nachweist, schlecht ins Bild. Jay Belsky, selbst Vater von zwei Söhnen, die in ihren ersten Jahren zu Hause betreut werden, wurde Eigeninteresse vorgeworfen, und er hatte regelmäßig Schwierigkeiten, seine Befunde zu veröffentlichen. Man suchte immer ein Haar in der

Suppe; dass die Untersuchungen trotzdem in den besten Zeitschriften des Faches erschienen, zeugt von der hohen wissenschaftlichen Qualität. Ging es hingegen darum, mit anderen Forschern Berichte an Regierungskommissionen zu schreiben, so wurde freudig über die Denkvorteile berichtet, die Resultate zu Mutterbindung und Problemverhalten aber geflissentlich ausgelassen. So sollte in Regierungskreisen der Eindruck entstehen, dass Kinderkrippen nur Vorteile bringen, womit sie politisch wünschbar seien und finanziert werden sollten.

Gewisse Kreise tun so, als ob nicht sein kann, was nicht sein darf; was nicht passt, wird unter den Teppich gekehrt. Ich will nicht verschweigen, dass berufstätige Mütter lange Zeit derart abschätzig behandelt wurden, weil sie ihr Kind «weggaben», dass ich durchaus Verständnis dafür habe, wenn sie bei diesem Thema gereizt reagieren. Man kann aber Forschungsergebnisse nicht durch Leugnung aus der Welt schaffen. Wenn Kinderkrippen tatsächlich weniger anhänglich und aggressiver machen, dann lässt sich dies nicht vertuschen.

Was ist denn die richtige Reaktion? Erstens hat alles seine Vor- und Nachteile, auch Kinderkrippen. Der Vorteil scheint zu sein, dass das kindliche Denken besser angeregt wird, der Nachteil, dass Kinder sich weniger an die Mutter binden und mehr Problemverhalten zeigen. Dies muss man offen zur Kenntnis nehmen, und berufstätige Mütter dürfen sich freuen, dass ihre Kinder gut denken lernen. Zweitens müssen die langfristigen Auswirkungen der Fremdbetreuung im Vergleich zur Betreuung durch die Mutter erforscht werden. Die meisten Resultate zeigen Unterschiede bei Kindern bis zum Alter von acht Jahren. Neuere Resultate weisen darauf hin, dass die Unterschiede im Jugendalter verschwinden.

Drittens muss man beachten, dass nicht alle Kleinkinder, die in Krippen waren, später aggressiver sind als ihre Altersgenossen, die zu Hause geblieben sind. Es gibt eine große

Streubreite. Es sind auch nicht alle Kinder, die zu Hause betreut werden, dümmer als die Krippenkinder. Überhaupt ist das Risiko, dass ein Krippenkind auffällig aggressiv wird, zwar größer als bei zu Hause betreuten Kindern, aber in absoluten Zahlen enorm klein. Das ist genauso wie beim Rauchen; es erhöht zwar das Risiko von Lungenkrebs enorm im Vergleich zu Nichtrauchern, aber nur eine kleine Minderheit von Rauchern bekommt auch Lungenkrebs, und selbst Personen, die weder aktiv noch passiv rauchen, können davon betroffen sein.

Da es hinsichtlich der Qualität der Kinderkrippen eine ebenso große Streubreite gibt wie bei der Betreuung durch die Mutter, müsste man viel eher fragen, wie Krippen Kleinkinder betreuen könnten, dass aus ihnen keine aggressiven Kinder werden. Außerdem könnte man erforschen, was Mütter tun können, damit traditionell betreute Kinder geistig angeregt werden. So ließe sich ohne ideologische Scheuklappen das Beste für das Kind und seine Umgebung erreichen.[20]

Die Erziehung von Kampfpiloten und Kindern

Die israelische Luftwaffe hatte ein Problem, dessen Lösung sich auf die Kindererziehung anwenden lässt. In der Pilotenausbildung ist die Landung das Schwierigste. Deshalb wurden die Fluglehrer angewiesen, eine besonders gute Landung zu loben und eine besonders schlechte Landung in Form negativer Rückmeldung zu tadeln. Die Fluglehrer machten nun die Erfahrung, dass nur Tadel etwas nützte: Sagten sie in militärisch knappem Ton, dass die Landung schlecht war, dann wurde die nächste Landung meist wesentlich besser; lobten sie hingegen eine besonders gute Landung, dann wurden die Pilotenschüler bei der nächsten Landung schlechter.

Warum verhielt sich dies so? Es lag nicht daran, dass sich

die Fluglehrer täuschten: Tatsächlich wurden die Piloten nach Lob schlechter und nach Tadel besser. Es lag auch nicht daran, dass die Pilotenschüler sich nach Lob gehen ließen oder nach Tadel besonders zusammenrissen, obwohl dies natürlich vorkommen kann. Die Erklärung ist einfach: Wenn Pilotenschüler landen, dann tun sie dies nicht immer gleich gut. Mal gelingt es besser, mal schlechter. Wenn nun eine Landung besonders gut gelingt, so ist die nächste Landung mit großer Wahrscheinlichkeit wieder eine ganz gewöhnliche; nicht schlecht, aber eben schlechter als beim letzten Mal. Die Fluglehrer machten den Fehler, dass sie die Verschlechterung auf das Lob zurückführten statt auf die Launen des Gelingens. Auf die gleiche Weise landeten die Pilotenschüler nach einer besonders harten Landung das nächste Mal wieder weicher; ganz einfach, weil sie es eigentlich besser konnten, die Landung aber einmal danebenging. Wiederum hatte dies nicht direkt mit dem erfahrenen Tadel zu tun.

Wir fallen also auf die normale Leistung zurück, wenn wir besonders gut gewesen sind, und hieven uns auf die normale Leistung, wenn es nicht gut gegangen ist. Es handelt sich hier um eine einfache statistische Gesetzmäßigkeit. Trotzdem sind Lob und Tadel wichtig; sie heben die Leistung insgesamt an.

Ähnliche Erfahrungen lassen sich bei der Kindererziehung machen: Da mault der Sohnemann ständig herum, wenn er etwas Bestimmtes tun soll. Das will man abstellen. Also lobt man ihn, oder er darf ein wenig länger aufbleiben, wenn er Hausaufgaben und Aufräumen mit Eifer angeht, sobald man es ihm sagt. Mault er hingegen, tadelt man ihn, und er muss eine halbe Stunde früher ins Bett, oder man sperrt ihm jene coolen Internetspiele, von denen wir bloß vermuten, dass sie einen schädlichen Einfluss haben. Nun ist es leider nicht so, dass dies *immer* gut geht, wenn es *einmal* gut gegangen ist: Am Tag darauf wird bestimmt ein gewisses Maulen vernehmbar sein. Dies hat nichts mit unserem Lob oder der Belohnung in Form von Aufbleiben zu tun, sondern ganz einfach damit, dass ein besonders braves Verhalten wieder auf den Durchschnitt zurückfällt. Desgleichen würde nach einer besonders schlimmen Episode das Maulen auch ohne Tadel und Strafe in Richtung Durchschnitt zurückgehen. Trotzdem sind Lob und Tadel, Belohnung und Bestrafung hilfreich, um aus einem herummaulenden Jungen einen zu machen, der wenn nicht freudig, so doch mit der nötigen Einsicht arbeitet. Das gilt für widerborstige Mädchen ebenso.

Wie das Erlernen des Landens mit dem Flugzeug ist das Lernen akzeptablen Verhaltens ein steiniger Weg, mit Aufs und Abs. Halten Sie an Ihrem konsequenten Weg fest, solange es im Ganzen aufwärtsgeht, und vergessen Sie nicht, immer zu loben und hie und da zu belohnen, auch wenn Sie das Gefühl haben, es nütze nichts: Ihr Gefühl täuscht, weil Ihnen eine einfache statistische Gesetzmäßigkeit einen Streich spielt.[21]

Teufelskreise der Belohnung

Im Supermarkt will die vierjährige Manuela ein «Milky Way», aber Vater sagt Nein. Manuela bittet, schaut Papa bald liebevoll, bald drohend an, sagt, sie hätte schon lange kein «Milky Way» mehr gehabt, beginnt zu zetern und zu heulen, dass es der ganze Laden hört. So erbärmlich ist das Heulen, dass es Papa peinlich wird; zudem hat er dem Kind schon lange kein «Milky Way» mehr gekauft. Sein Herz wird weich, der Vater kauft ein «Milky Way», und Manuela wird schlagartig ruhig.

Beide – Manuela und Papa – werden in dieser Situation für ihr Verhalten belohnt (oder, im Fachjargon, es wird *verstärkt*): Manuela für ihr Quengeln und Heulen, indem sie letztlich ihr «Milky Way» erhält. Der Vater für sein Nachgeben, indem seine Tochter nicht mehr ihn und den ganzen Supermarkt beheult, sondern ruhig und friedlich bleibt bis zum

Schluss des Einkaufs. Das wäre für sich genommen ganz in Ordnung, wenn es nicht eine unangenehme Konsequenz gäbe: Wer für ein bestimmtes Verhalten belohnt wird, der wiederholt dieses, um wieder belohnt zu werden. Im Fall von Manuela heißt dies, dass sie dasselbe Verhalten zeigen muss, um wieder an ein «Milky Way» zu kommen. Da Bitten nichts genutzt hat, übergeht sie am besten diese Stufe und fängt gleich mit Zeter und Mordio an. Für den Vater ist es am bequemsten, er rückt in Zukunft das «Milky Way» raus, und zwar dalli, wenn er sich nicht vor der gesamten Supermarktkundschaft zehn Minuten lang beheulen lassen will. So entsteht ein Teufelskreis der Belohnung, der schließlich dazu führt, dass Manuela sofort mit Heulen und Schreien beginnt und Vater gleichermaßen sofort das erwünschte «Milky Way» spendiert. Nun wollen Eltern ihre Kinder nicht dazu erziehen, sofort loszuheulen, wenn sie etwas wollen, sondern zu akzeptieren, dass es von all den Süßigkeiten oft nichts gibt.

Um solche Teufelskreise zu durchbrechen oder gar nicht erst entstehen zu lassen, ist es am besten, den Wutausbruch über sich ergehen zu lassen, auch wenn einen alle anderen Kunden schief anschauen. Das Kind soll eine Chance erhalten, wenn es anständig fragt, muss aber lernen, dass Quengeln nichts nützt. Wird das Zetern und Heulen nicht belohnt, wird das Kind dieses Verhalten mit der Zeit einstellen. Also: Sagen Sie Nein und halten Sie durch.[22]

Immer, ab und zu oder nie?

Wenn Kinder quengeln und einen bedrängen, weil sie unbedingt einen Schokoriegel wollen, dann sollten Eltern nicht einfach nachgeben. Dies ist eigentlich bekannt, wie im vorigen Kapitel beschrieben. Nur sind wir Eltern in der Realität nicht so konsequent, wie wir dies eigentlich sein möchten, so dass das Kind zwar nicht immer, aber doch hie und da Erfolg mit seinem Quengeln hat. Ist ja nicht so schlimm. Oder doch? Sehen wir uns zuerst Experimente an, um die Bedingungen zu sehen, unter denen Belohnung zu einem bestimmten Verhalten führt.

Der amerikanische Psychologe B. F. Skinner wurde damit berühmt, dass er Ratten mit Futter belohnte, wenn diese in der nach ihm benannten Skinner-Box auf einen Hebel drückten. Er fand nun heraus, dass Ratten dann am häufigsten auf den Hebel drückten, wenn das Futter nicht nach jedem Hebeldruck kam, sondern zum Beispiel nach jedem zehnten oder zwanzigsten Hebeldruck. Manchmal variierte er auch den Rhythmus, mit dem die Ratte ihr Futter erhielt. Dann drückten die Ratten den Hebel öfter. Darüber hinaus zeigt sich ein Unterschied beim Abgewöhnen des Hebeldrückens: Wurde lediglich jedes zwanzigste Mal Futter gegeben, dann war dieses Verhalten schwieriger abzustellen, als wenn jedes Mal Futter kam. Klar: Wenn jedes Mal Futter kommt und plötzlich keines, dann ist dies ein Zeichen, dass nichts mehr kommt, und die Ratte hört auf, den Hebel zu betätigen. Gibt es hingegen sowieso nur jedes zwanzigste Mal Futter, dann wird die Ratte ziemlich lange probieren, bis ihr das Hebeldrücken verleidet ist. Ein erwünschtes Verhalten nur hie und da zu belohnen ist eine viel bessere Methode, dieses aufrechtzuerhalten, als es jedes Mal zu belohnen.

Was B. F. Skinner für Tiere herausgefunden hat, gilt in vielen Fällen auch für den Menschen. Es lassen sich vier verschiedene Arten unterscheiden, wie Verhalten belohnt wird; Skinner spricht von *Verstärkungsplänen.* Sehen wir uns Beispiele menschlichen Verhaltens an:

Erstens kann das erwünschte Verhalten immer entsprechend einer bestimmten Anzahl belohnt werden: Ihre Tochter reißt zum Beispiel Unkraut aus und erhält immer nach zwanzig Gräsern 20 Cent. Ob Ihre Tochter zum Ausreißen der Gräser zwei Minuten oder zwei Stunden braucht, spielt dabei keine Rolle: Zwanzig Gräser müssen her.

Zweitens kann statt nach dem Erreichen einer festen Anzahl nach einer festgesetzten Zeit die Belohnung gegeben werden. Das klassische Beispiel ist das wöchentliche Taschengeld dafür, dass Ihr Sohn den Abwasch erledigt. Ob Ihr Sohn in einer Woche zwölfmal oder fünfmal abwäscht, spielt dabei keine Rolle: Jede Woche bekommt Ihr Sohn Taschengeld.

Drittens kann das Verhalten nach einer bestimmten *durchschnittlichen* Anzahl belohnt werden. Dies ist bei Geldspielautomaten der Fall: Wenn dieser jedes Mal 2 Euro schluckt und durchschnittlich jedes dreißigste Mal 50 Euro ausspuckt, dann macht der Automat Gewinn. Nun kann der Spieler nicht einfach zählen und vorhersagen, wann der nächste Gewinn kommt: Mal dauert es lediglich zehn, mal muss er sechzig Durchgänge warten. Zudem sind die Automaten so programmiert, dass sie öfter kleinere Gewinne spendieren, so dass der Spieler bei Laune gehalten wird, und nur ganz selten den großen Gewinn ausschütten, auf den der Spieler immer noch hofft.

Viertens lässt sich das Verhalten nach einer *durchschnittlichen* Zeit belohnen: Kinder möchten jedes Mal beim Einkauf einen Schokoriegel haben – den der Supermarkt bestimmt nicht aus der Kassennähe entfernen wird, so dass Sie das Gequengel der Kinder jedes Mal über sich ergehen lassen müssen. Sie wissen aus dem vorigen Kapitel, wie sich hier ein Teufelkreis aufbauen kann, und denken sich, dass Sie dem Quengeln nicht immer nachgeben, aber warum nicht hie und da? So erhalten die Kinder durchschnittlich jeden Monat einen Schokoriegel. Statt aber die Quengelei zu vermindern, erreichen Sie nun genau das Gegenteil: Dadurch, dass ihr Verhalten ja durchschnittlich jeden Monat einmal belohnt wird, meinen die Kinder, quengeln zu müssen, um überhaupt eine Chance auf den Schokoriegel zu haben. Wenn Sie eine Regel einführen und durchsetzen, dass die Chance, einen Schokoriegel zu bekommen, zur Voraussetzung hat, dass im

Supermarkt nicht gequengelt wird, sondern das Kind zu Hause danach fragt, dann dürfte das Gequengel mit der Zeit abnehmen. Außerdem können Sie ja den Kindern erklären, dass die Supermärkte die Schokoriegel und andere sogenannte Quengelware absichtlich an der Kasse zur Schau stellen, um bei ihnen das entsprechende Verhalten auszulösen. Wenn die Kinder dann beeindruckt sind, dass sie auf diese Weise hereingelegt werden sollen, ist es leichter, sie von der Richtigkeit Ihrer Maßnahmen zu überzeugen.[23]

Vom wirksamen Strafen

Ein leidiges Thema in der Erziehung sind Strafen. Diese sind uns verhasst, weil sie mindestens drei Nachteile haben: Erstens glauben wir nur, dass Strafe nützlich ist und das Kind dadurch lernt, sein Verhalten zu ändern; in Wahrheit kehrt das unerwünschte Verhalten zurück, wenn die Strafe abgesetzt wird. Das aber ist nicht, was wir wollen: Schließlich sollen unsere Kinder als Erwachsene das Gute aus sich selbst heraus tun und nicht bloß, weil eine Strafe droht. Zweitens führt Strafe zu negativen Emotionen gegenüber dem Strafenden. Drittens möchten wir unserem Kind Leid ersparen, während Strafe immer bedeutet, ihm etwas Negatives zuzufügen oder ein Privileg zu entziehen, zum Beispiel als ältestes Geschwister später ins Bett gehen zu dürfen. Körperstrafen haben noch weitere Nachteile: Neben der möglichen Verletzungsgefahr lernt das Kind, dass Zufügung von Schmerz eine wirksame Strafe ist, die es dann bei anderen anwendet. Außerdem zeigt die Forschung, dass andere Methoden zur Erzielung von Gehorsam, etwa das Entziehen von Privilegien, mindestens so wirksam sind wie Körperstrafen, so dass diese gar nicht notwendig sind. In einigen Ländern – so in Deutschland und Norwegen – sind Körperstrafen verboten.

Wenn wir dennoch strafen müssen: Welche Prinzipien müssen wir befolgen, um unerwünschtes in erwünschtes Verhalten zu überführen? Strafen wurden zuerst in der Tierforschung zum Thema gemacht, aber eine Übertragung der dort gefundenen Prinzipien auf die Erziehung von Kindern oder die Bestrafung von Verkehrsdelikten hat diese frühen Befunde im Großen und Ganzen bestätigt.

Ein erstes Prinzip ist, sofort zu bestrafen. In einer Schulklasse wurden verhaltensauffällige Schüler entweder sofort oder erst zwei Minuten nach einer Störung des Unterrichts getadelt, indem ihnen gesagt wurde, was sie tun oder lassen sollten. Es zeigte sich, dass die sofortige Bestrafung wirksamer war. Also sollte man nicht mit einer Strafe warten, um sie zuerst mit dem Ehepartner besprechen zu können. Zweitens darf die Strafe nicht zu milde sein, denn sonst kann man sich daran gewöhnen. Allerdings darf man nicht ins andere Extrem verfallen und glauben, die Härte der Strafe führe zu besserem Wohlverhalten. In der Tat ist es wichtiger, einen Sünder zu erwischen und überhaupt zu bestrafen, als hart zu bestrafen. Man sollte jedes unerwünschte Verhalten konsequent bestrafen, nicht nur hie und da. Dies gilt nicht nur in der Erziehung: Analysen zeigen, dass erwischt zu werden einen Verkehrssünder oder Kriminellen mehr abschreckt als die Härte der Strafe. Trotzdem wollen uns populistische Politiker immer wieder von der Notwendigkeit überzeugen, die Strafen drastisch zu verschärfen. Wirksamer wäre es hingegen, dafür zu sorgen, dass Verbrecher oder Verkehrssünder öfter erwischt werden.

Kehren wir zu unserem Nachwuchs zurück: Das Kind sollte nicht nur wissen, welches Verhalten unerwünscht ist, sondern auch, welches Verhalten an dessen Stelle erwünscht ist. Zum Beispiel sollte ein Kind seine Wut gegenüber einer Entscheidung der Eltern ausdrücken dürfen. Wollen diese jedoch wüste Beschimpfungen unterbinden, dann können sie dem Kind aufzeigen, was es stattdessen sagen darf, etwa dass es jetzt sehr wütend auf die Mama oder den Papa ist. Außerdem ist es wichtig, nicht nur über Strafen, sondern auch über Belohnung ein erwünschtes Verhalten heranzuziehen.

Bei der Anwendung von Strafe und auch Belohnung sollten wir Folgendes bedenken: Wir möchten unsere Kinder zu selber denkenden Menschen erziehen, nicht zu Automaten, die nur auf Belohnung und Bestrafung reagieren. Um dies zu erreichen, müssen wir den Kindern immer wieder eine Chance geben, selbst auszudrücken, was gut ist und was nicht. Denn sie wissen erstaunlich gut, wie sie sich verhalten sollten, nur tun sie es oft nicht.[24]

Von innen heraus motiviert

Wir alle kennen den Unterschied zwischen einer Tätigkeit, der wir aus Interesse nachgehen, und einer anderen, die wir ausüben müssen. Ein Verhalten wird als *intrinsisch motiviert* bezeichnet, wenn die Person aus eigenem Antrieb handelt. Das Verhalten ist selbst bestimmt; Anreize von außen spielen dabei keine Rolle. Ein Beispiel dafür ist, wenn Eva ein Puzzle zusammensetzt, weil sie dies spannend findet.

Ein Verhalten ist hingegen *extrinsisch motiviert,* wenn die betreffende Person es aufgrund von Verpflichtungen oder Anreizen von außen ausführt. Das Verhalten ist fremdbestimmt. Ein Beispiel dafür ist, wenn Eva ein Puzzle zusammensetzen muss, weil ihr Vater damit ihr räumliches Denken fördern will. Extrinsisch motiviert ist ein Verhalten auch dann, wenn es um einer Belohnung willen geschieht oder um jemandem zu imponieren.

Was passiert, wenn Eva, die aus freien Stücken ein Puzzle legt, vom Vater fünf Euro versprochen bekommt, wenn sie es nochmals macht? Die intrinsische Motivation wird geschwächt, weil das Gefühl der Selbstbestimmung untergraben wird. Eva wird in Zukunft weniger Puzzles von sich aus legen. Noch weniger motiviert wird sie sein, wenn der Vater ihr auch noch die ganze Zeit dabei zuschaut.

Zwei Motivationspsychologen haben genau diese Situation in einem Experiment nachgestellt: Schulkinder durften ein Puzzle spielen. Die Hälfte der Kinder erhielt eine unerwartete Belohnung für das Puzzlespielen, die andere Hälfte eine erwartete Belohnung, die vor Beginn des Puzzlespielens angekündigt wurde. Zudem wurde je die Hälfte der Kinder aus beiden Belohnungsbedingungen beim Puzzlespiel überwacht, die andere Hälfte nicht. Danach erhielten die Kinder Gelegenheit, ohne von außen herangetragene Motivation mit dem Puzzle zu spielen. Die Forscher beobachteten, wie viele Kinder dies spontan taten.

Hatte man ihnen zuvor eine Belohnung versprochen *und* sie beim Spielen überwacht, griffen nur 51 Prozent der Kinder von sich aus zu dem Puzzle. Aus der Gruppe der Kinder, die jeweils nur eine der beiden Bedingungen – Belohnung *oder* Überwachung – erfahren hatten, machten sich rund 70 Prozent der Kinder spontan ans Puzzeln. War die Belohnung hingegen unerwartet erfolgt und das Spiel der Kinder nicht überwacht worden, nahmen danach 93 Prozent der Kinder das Puzzle wieder zur Hand. Es zeigt sich also, dass erwartete Belohnung und Überwachung die intrinsische Motivation schwächen; entfallen diese Rahmenbedingungen, spielen die Kinder dann weniger Puzzle.

Es gibt viele Situationen, in denen intrinsische Motivation untergraben wird oder erst gar nicht aufkommen kann. Oft stehen Eltern vor einem Dilemma: Wenn Kinder unbedingt ein Meerschweinchen wollen, dieses aber nach dreimal Füttern und einmal Ausmisten vergessen, dann muss man sie an ihre Pflichten erinnern, auch wenn dies die intrinsische Motivation untergraben mag. Wenn die Kinder alt genug sind, ist dies eine Gelegenheit, ihnen zu zeigen, dass eine einmal gefällte Entscheidung auch eine Verpflichtung für die Zukunft nach sich ziehen kann. So verhält es sich auch beim

Erlernen eines Instrumentes oder bei der Ausübung eines Sports.

Wenn aber Kinder von sich aus tun, was ihre Eltern schon immer wollten, brauchen sie weder Belohnung noch Überwachung.[25]

Macht Sehen von Gewalt gewalttätig?

In letzter Zeit häufen sich Berichte, wonach sich Jugendliche nach dem Anschauen von Filmen oder Videospielen, die Gewalt zeigen, zu Gewalttaten hinreißen lassen. In Deutschland wird zurzeit ein Verbot gewalttätiger Videospiele diskutiert. Haben solche Vermutungen eine wissenschaftliche Grundlage? Man weiß wenig zu Videospielen, aber über die Auswirkung von Gewalt in Film und Fernsehen bei Heranwachsenden wurde einiges geforscht.

In den sechziger Jahren zeigte der amerikanische Psychologe Albert Bandura in seinem Experiment vierjährigen Kindern einen Film, in dem ein Erwachsener eine Puppe schlägt; anderen vierjährigen Kindern zeigte er einen Film über das Spielen mit Puppen, der keine Gewalt enthielt. Danach wurde das Kind in ein Spielzimmer gebracht, und eine Versuchsleiterin erklärte, dass es mit den dort herumliegenden Spielsachen spielen dürfe. Sie verließ das Zimmer mit der Erklärung, in der Zwischenzeit neue Spielsachen holen zu gehen. Die Kinder wurden in ihrem Spiel beobachtet. In der Tat zeigte sich, dass jene Kinder die Puppe eher schlugen, die den Film mit der gewalttätigen Handlung gesehen hatten, als die Kinder der Vergleichsgruppe. Es zeigte sich darüber hinaus, dass Kinder Gewalt eher dann nachahmten, wenn in dem zuvor gezeigten Film Gewalt belohnt statt bestraft wurde. Hatte die Anwendung von Gewalt im Film keine Konsequenzen, so zeigte sich das gleiche Resultat wie in dem Fall, bei dem die Gewalt belohnt wurde!

Damit war belegt: Gewalt im Fernsehen macht gewalttätiger. Die weiter gehende Frage lautet dann, ob sich die Ergebnisse der Studien von Bandura auf die Gewalttätigkeit von Jugendlichen übertragen lassen. Es ist immerhin ein weiter Weg von einem Puppen dreschenden Vierjährigen bis zu einem Jugendlichen, der wehrlose Passanten in einer einsamen Seitenstraße zusammenschlägt. Um dies herauszufinden, hat ein Team von Forschern um den Psychologen Rowell Huesmann eine 15 Jahre dauernde Studie durchgeführt, in der zuerst der Fernsehkonsum der Kinder erhoben wurde, vor allem inwiefern sie gewalttätigen Inhalten ausgesetzt waren. 15 Jahre später wurde dann untersucht, wie gewalttätig die gleichen Personen als junge Erwachsene waren. Es zeigte sich in der Tat, dass Gewalt im Fernsehen ein wichtiger Faktor war, der darüber entschied, ob aus Kindern gewalttätige oder friedliche Erwachsene wurden. Es scheint, dass häufiges Anschauen von Gewalt, wenn diese im Film nicht bestraft wird, zur Nachahmung führt und die Personen gegenüber dem Leiden der Opfer abstumpft.[26]

«Alle finden das cool!»

Kinder und Eltern entwickeln sich: Werden die Kleinen größer, wird der Einfluss der Großen kleiner; dafür steigt der Einfluss der Gleichaltrigen. Das ist an sich in Ordnung, kann aber Probleme mit sich bringen. Zum Beispiel finden die Jugendlichen das cool, was andere cool finden. Nicht dass man die neuen Hosen, die der letzte Schrei sind, schön findet; aber die Angst, sich in den altgedienten Manchesterhosen dem Gespött preiszugeben, ist so groß, dass man sie nicht mehr tragen will. Statt sich von den Eltern zu lösen und die neue Freiheit auszuloten, folgt der Loslösung von den Eltern die freiwillige Einordnung in neue Zwänge.

Eine Gruppe von Psychologen untersuchte das Trinkverhalten an der ehrwürdigen Universität von Princeton. Ein großes Problem dort ist, dass in vielen Gruppen junger Studenten Alkohol eine zu große Rolle spielt. Nicht dass die Jugendlichen selbst das cool fänden: Nach einigen Monaten hatten sie gesehen, wie Studenten – vielleicht auch sie selbst – wegen übermäßigen Trinkens durch Prüfungen fielen, sich auffällig oder gar gewalttätig verhielten oder wie ihnen einfach nur scheußlich übel geworden war. Nun denkt aber jeder einzelne Jugendliche, dass die anderen Alkohol cool finden, und beteiligt sich trotz der einschlägigen schlechten Erfahrungen an den Trinkgelagen.

Die Studenten aus Princeton sollten angeben, wie angenehm ihnen die Trinkgewohnheiten auf dem Universitätscampus waren und wie wohl ihre Freunde und andere Studenten der Universität die Trinkgewohnheiten beurteilten. Dabei zeigte sich, dass die Studenten glaubten, andere Studenten – Freunde und fremde Studenten – würden die Trinkgewohnheiten angenehmer finden als sie selbst. Die einzelnen Studenten waren also skeptischer als die von ihnen vermutete Gruppennorm.

Es liegt auf der Hand, dass Jugendliche mehr trinken, wenn sie glauben, dies sei die Norm, als wenn sie ihrer eigenen Skepsis folgen würden. Wie kann man diesen Irrtum bloßlegen und damit das Trinkverhalten verbessern? In einer späteren Untersuchung nahmen Studenten an Diskussionsgruppen teil, in der Einzelne offen über ihre Ansichten zum Trinken sprachen. Hier zeigte sich, dass längst nicht alle ungezügelten Alkoholkonsum cool fanden. Sechs Monate später war der Alkoholkonsum jener Studenten, die an den Diskussionsgruppen teilgenommen hatten, gegenüber jenen, die dies nicht getan hatten, gesunken.

Dieselben Mechanismen lassen sich in anderen Situationen beobachten: In den dreißiger Jahren glaubten die Einwohner eines christlich-konservativ geprägten Dorfes der USA, dass alle anderen bezüglich Alkohol und Kartenspielen ebenso strenge Ansichten hätten wie die dortige Kirchengemeinde, während man selbst nicht so extrem sei. Da die meisten Bewohner fälschlicherweise davon ausgingen, dass alle anderen strenger als sie selbst seien, ließ sich eine kirchliche Norm aufrechterhalten, die in dieser Strenge nur wenige für richtig hielten.

Was die modischen Hosen anbelangt: Viele Schulen versuchen, in Diskussionen mit den Jugendlichen diese von ihrem Modetrip herunterzubringen. Dies wird gelingen, wenn die Schüler erkennen, dass auch die anderen modischen Chic für weniger wichtig halten, als es ihrer Meinung nach der Norm entspricht.[27]

Beim Lernen (und Vergessen)

Die Gnadenlosigkeit des Vergessens

Eine der ältesten Untersuchungen der Psychologie wurde vom deutschen Wissenschaftler Hermann Ebbinghaus durchgeführt. Was er demonstriert hat, ist eine gnadenlose Botschaft, die wir alle schon am eigenen Leib erfahren haben: Am Anfang vergessen wir am meisten, dann flacht die Vergessenskurve etwas ab, bis schließlich ein kleiner Rest bleibt, den wir erinnern können.

Ebbinghaus benutzte für sein Lernexperiment sinnlose Silben, die keinerlei Bezug zu unserer Sprache und unserem Wissen haben. Deshalb konnte er die Silben nicht mit bestehendem Wissen verknüpfen und vergaß sie entsprechend schnell. Wer einmal versucht hat, Japanisch zu lernen, weiß, wovon ich spreche: Diese Sprache hat kaum Verbindungen zu Deutsch und Englisch, so dass wir die Wörter so schnell vergessen, wie wir sie gelernt haben.

Aber vergessen wir denn Dinge, die für uns wichtig sind? Dass wir sinnlose Silben schnell vergessen oder allenfalls japanische Vokabeln, leuchtet uns ein. Immerhin konnte gezeigt werden, dass wir Erzählungen oder gar Sprichwörter besser behalten können als Silben ohne Sinn. Hier liegt aber der Unterschied in der Struktur des Materials: Wir können Erzählungen und Sprichwörter mit Vorwissen verbinden und besser organisieren. Japanisch kann noch so wichtig für uns sein: Wir vergessen es trotzdem.

Wenn ich eine schwierige, aber wichtige Technik zur Wiederbelebung übe: Vergesse ich das? An englischen Universitäten untersuchten Stephen McKenna und Ian Gordon die Erinnerung an die gelernten Techniken einer Herz-Lungen-Massage. Bei denjenigen, die den Kurs erfolgreich absolviert hatten, maßen sie das Können in regelmäßigen Abständen.

Das Ergebnis war ernüchternd: Obwohl es sich bei der Herz-Lungen-Massage um eine wichtige Technik zur Wiederbelebung handelt, fällt das Können innerhalb des ersten Jahres massiv ab. Verstanden nach drei Monaten immerhin knapp 70 Prozent der Kursteilnehmer die Technik, so waren es nach einem halben Jahr keine 40 Prozent mehr und nach drei Jahren nur noch gut 10 Prozent.

Die Schlussfolgerung ist klar: Selbst dann, wenn sie lebenswichtig sein kann, vergessen wir eine gelernte Technik. Wir müssen sie wieder üben. Da das Vergessen am Anfang am stärksten ist, sollten wir nicht allzu lange warten und nach sechs Monaten oder einem Jahr das Können wieder auffrischen. Dasselbe gilt für Ihren Japanischkurs: Selbst wenn Sie alle Wörter einer Lektion perfekt können: Einige Tage später haben Sie die meisten wieder vergessen. Auch hier gilt, dass Sie die Wörter einige Tage später wieder lernen; und zwar nicht zu viele auf einmal, wie wir im nächsten Abschnitt sehen werden ...[28]

Nicht alles auf einmal!

Wir wissen, dass der Magen fünf Mahlzeiten pro Tag besser verdauen kann, als wenn wir alles auf einmal zu uns nehmen. Ebenso verhält es sich mit dem Lernen: Das Gehirn kann wenig Inhalt, verteilt auf mehrere Lernphasen, besser verdauen als die ganze Menge auf einmal. Das Verflixte ist, dass wir ein besseres Gefühl haben, wenn wir alles auf einmal lernen.

Diese Erfahrung machten englische Forscher, als sie untersuchten, wie sich Maschinenschreiben am besten erlernen lässt. Zum Zeitpunkt der Studie wurden in England Postcodes eingeführt, die – anders als die Postleitzahlen im deutschsprachigen Raum – auch Buchstaben enthalten. Deshalb mussten englische Postangestellte lernen, die Postcodes auf einer Tastatur zu tippen, die einer Schreibmaschine ähnelte. Sie teilten die Versuchspersonen in vier Gruppen ein: Die erste Gruppe übte einmal eine Stunde pro Tag; dies war die verteilte Lernbedingung. Die zweite Gruppe übte zweimal eine Stunde pro Tag, also schon mit einer etwas höheren Dichte; die dritte Gruppe einmal zwei Stunden pro Tag; dies ist dichter als zwei Stunden auf den Tag verteilt. Die vierte Gruppe schließlich übte zweimal zwei Stunden pro Tag; das ist ganz schön kompakt.

Bald zeigte sich, dass die erste Gruppe ziemlich unzufrieden war, weil sie langsamer vorwärtskam als die anderen Gruppen: Während jene Postangestellten, die vier Stunden pro Tag übten, nach vier Wochen gut tippen konnten, waren es für jene mit einer Stunde Training elf Wochen. Sieht man sich aber an, wie viele Stunden Training jede Gruppe benötigte, um zum Beispiel 70 Anschläge pro Minute zu erreichen, dann schnitten diejenigen am besten ab, die lediglich eine Stunde pro Tag übten: Sie brauchten etwa 46 Stunden. Jene Gruppen, die zwei Stunden pro Tag übten, kamen auf 53 und 58 Stunden und lagen im Großen und Ganzen gleichauf. Am schlechtesten schnitt hingegen jene Gruppe ab, die vier Stunden pro Tag übte: Sie benötigte mehr als 65 Stunden, um dieses Ziel zu erreichen.

Eine Verteilung des Lernens ist nicht nur beim Maschinenschreiben optimal. Man weiß inzwischen, dass das Lernen der Wörter einer Fremdsprache dann effizient ist, wenn nur wenige Wörter auf einmal gelernt werden und dieses Lernen auf mehrere Zeitpunkte verteilt wird. Sie mögen sich besser fühlen, wenn Sie an einem Nachmittag hundert Wörter lernen. Sie werden aber insgesamt weniger Zeit benötigen, um gleich viele Wörter zu lernen, wenn Sie all jene zehn Minuten und Viertelstunden zum Wörterlernen benutzen, mit denen Sie sonst nichts Gescheites anfangen können.[29]

Schüler auf den Spuren des Archimedes

Wenn die Pharmaindustrie ein Medikament neu einführen will, dann muss seine Wirksamkeit gründlich geprüft und gut belegt sein. Wenn hingegen ein Pädagoge eine neue Lernmethode plausibel darlegen kann und genügend Anhänger findet, dann wird diese oft jahrelang in der Schule angewendet, ohne dass ihre Wirksamkeit überprüft wäre.

Ein neueres Beispiel für diesen Umstand ist jener Zweig des *Konstruktivismus,* der das *reine Entdeckungslernen* propagiert. Danach sollen die Schüler die Lösung eines vorgegebenen Problems ganz alleine finden – oder eben *konstruieren.* Diese Methode wird etwa so angepriesen: Kinder sind kreativ (stimmt). Der Frontalunterricht – so martialisch wird ausgedrückt, dass der Lehrer vorne steht und etwas erzählt – und der schulische Drill schütten die zart keimende Entdeckungsfreude der jungen Menschen zu, bevor diese richtig aufblühen kann (stimmt nur teilweise). Ist es da nicht besser, den Schülern ein Problem vorzugeben und ihnen genug Zeit zu lassen, damit sie selbst alle notwendigen Schritte entdecken und ausführen können und am Ende genau wissen, wie sie darauf gekommen sind? Statt dass die Lehrerin doziert, dass die Zahl π mit 3,14 anfängt, könnten die Schüler auf den Spuren des Archimedes wandeln und dies ganz alleine entdecken! So plausibel diese Annahme des reinen Entdeckungslernens tönt, die Wirklichkeit sieht anders aus. Müssen die Schüler alles selbst entdecken, finden sie kaum je die Lösung und sind völlig frustriert.

Bereits seit den fünfziger Jahren weiß man, dass das *geleitete Entdeckungslernen* eine weit wirksamere Methode als das reine Entdeckungslernen ist. Bei der Zahl π würde in diesem Fall so vorgegangen, dass die Schülern immer wieder Hinweise erhalten und ihnen geholfen wird, wenn sie nicht weiterkommen. Die Lehrerin kann sie zum Beispiel darauf hinweisen, dass sich Durchmesser und Kreisumfang messen lassen. Sie gestaltet die Lernsituation so, dass es den Schülern von ihren Kenntnissen her möglich ist, den jeweils nächsten Schritt selbst zu entdecken. Die Schüler können so auf den Spuren des Archimedes wandeln, ohne dabei völlig überfordert zu sein.

Wären das reine Entdeckungslernen und das geleitete Entdeckungslernen Medikamente, dann wäre für die Schule ausschließlich das geleitete Entdeckungslernen zugelassen; das reine Entdeckungslernen hingegen wäre nie in ein Schulzimmer vorgedrungen.[30]

Der Zuschauereffekt bei Menschen und Schaben

Haben wir ein neues Kunststück gelernt und wollen es anderen vorführen, dann geht es bestimmt schief, obwohl wir es alleine immer gut gekonnt haben. Wir alle kennen solche Zuschauereffekte; diese wurden auch wissenschaftlich ausgiebig untersucht.

Zusammengefasst zeigt die Forschung, dass eine Erschwerung durch Zuschauer nur bei schwierigen Aufgaben auftritt, bei deren Ausführung wir unsicher sind – wenn wir etwa frisch gelernt haben, mit drei Bällen zu jonglieren, oder wenn wir nicht sehr geübt sind im Lösen algebraischer Gleichungen. Wenn die Aufgabe hingegen einfach und gut geübt ist, wie einfache Rechnungen (3 + 5 = ?) oder Rad fahren, dann sind wir mit Zuschauern sogar besser als alleine. Dies hat praktische Auswirkungen: Repetieren wir einfache französische Vokabeln, ist es besser, dies mit anderen zusammen zu tun; lernen wir hingegen schwierige Wörter, tun wir dies besser alleine. Diese Regel gilt sowohl dann, wenn andere lediglich zuschauen, als auch dann, wenn andere mit uns gemeinsam jonglieren, Rad fahren oder lernen.

Entstehen Zuschauereffekte, weil Menschen an die Anwesenheit anderer denken und dieses Denken dann ihre Leistungsfähigkeit beeinträchtigt? Ein Experiment mit Küchenschaben gibt uns hierzu eine verblüffende Antwort: Die Schaben mussten einen Zielpunkt erreichen, an dem es dunkel war (Schaben scheuen das Licht); der Weg dorthin war entweder einfach oder kompliziert. Die Hälfte der Schaben machte den Weg alleine, die andere Hälfte zusammen mit anderen. Es zeigte sich das gleiche Muster wie bei Zuschauereffekten beim Menschen: Die Schaben auf dem einfachen Weg waren schneller, wenn sie mit anderen Schaben gemeinsam unterwegs waren; die Schaben auf dem komplizierten Weg waren schneller, wenn sie alleine gehen konnten.

Was bedeutet dieses Experiment? Die Studie zeigt, dass Zuschauereffekte nicht viel Hirn brauchen. Die Erklärung lautet, dass bereits die Anwesenheit anderer die physiologische Aktivierung heraufsetzt, also die Nervosität erhöht. Wenn man nervös ist, dann aktiviert man automatisch die dominante Antwort, das heißt diejenige Reaktion, die einem zuerst in den Sinn kommt. Das analytische Denken ist bei Nervosität gehemmt, was die meisten von uns aus Prüfungssituationen kennen. Wir können also bei Anwesenheit anderer leichte Aufgaben besser lösen, weil wir schneller automatisch reagieren, was bei leichten Aufgaben meistens zum richtigen Ergebnis führt. Ist die Aufgabe hingegen schwierig, dann denken und handeln wir langsamer, weil uns die Anwesenheit anderer nervös macht und das Denken hemmt.[31]

Wem hat nicht ein strenger Lehrer in der Jugendzeit geraten, ja keinen Schund zu lesen; da lerne man nur das Falsche und nicht das, worauf es im Leben ankomme. Die Antwort der Jugendlichen ist, dass sie sehr wohl imstande seien, Schund vom Guten zu unterscheiden, und man deshalb keine Angst haben müsse, dass etwas Falsches hängen bleibt.

Verschiedene Studien der letzten drei Jahrzehnte zeigen, dass Aussagen, die wiederholt gelesen werden, mit größerer Wahrscheinlichkeit für wahr gehalten werden. Wenn wir also lesen, dass Grönland 50000 Einwohner habe, dann glauben wir, dass diese Angabe wahr sei, allein deshalb, weil wir sie schon einmal gehört haben. Sogar dann, wenn wir uns nicht an die konkrete Zahl erinnern können, glauben wir, dass die Angabe eher stimmt als eine , von der wir nie gehört haben.

Bleiben Aussagen auch dann hängen und werden mit der Zeit für wahr gehalten werden, wenn den Versuchspersonen gesagt wird, dass die Aussagen falsch sind? In einem Lerndurchgang wurden den Versuchspersonen Aussagen gezeigt, die entweder wahr oder falsch waren. Eine Gruppe der Versuchspersonen wurde nach einer Woche, eine andere nach einem Monat getestet. Nach einer Woche hielten die Versuchsteilnehmer wahre Aussagen für wahrer und falsche Aussagen für weniger wahr als neue Aussagen, die sie zum ersten Mal hörten. Nach Ablauf eines Monats hingegen wurden falsche Aussagen für mindestens gleich wahr gehalten wie neue Aussagen.

Leider hat also der Lehrer recht: Wenn wir Schund lesen, so bleibt eben etwas hängen, und wir können gar nichts dagegen tun. So wissen viele Leute über die Indianer, was sie in Wildwestromanen über sie gelesen haben. Schund ist also, wenn Tatsachen beschrieben werden, die einer Überprüfung nicht standhalten, und wir dazu verleitet werden, Falsches zu glauben. Die oben beschriebene Untersuchung hat gezeigt, dass wir mit der Zeit eine Aussage selbst dann für wahr halten, wenn uns gesagt worden ist, dass sie falsch sei.[32]

Man kann sich andere Anwendungen dieser Forschung vorstellen. Ich habe einmal Werbung gesehen, die absichtlich Rechtschreibfehler in den Text eingebaut hatte. Sie richtete sich an Eltern und Kinder und warb für Artikel für den Schulanfang nach den Sommerferien. Die oben beschriebene Untersuchung macht klar, dass solche Werbung Kinder verdummt, auch wenn sie für uns Erwachsene ganz putzig sein mag. Ein anderes Beispiel sehen Sie im nächsten Kapitel. Wir halten billige Wildwestromane für Schund. Wie steht es mit Multiple-Choice-Prüfungen?

Gefährden Multiple-Choice-Prüfungen unser Wissen?

Jedes Jahr gegen Sommer müssen sich Professoren und Dozenten Gedanken machen, wie sie ihre Studenten prüfen wollen. Möglichkeiten gibt es viele, doch eines ist fast allen gemeinsam: Der Zeitaufwand ist enorm. Eine einzige Prüfungsform ist handlich und zeitsparend: Multiple Choice. Oft wird den Dozenten vom Verlag eines Lehrbuches eine Testdatenbank angeboten, aus der man die benötigten 40 oder 60 Fragen einfach per *copy and paste* herausklicken kann (Aufwand: ein bis zwei Stunden). Die Studenten müssen die Fragen auf einem speziellen, maschinenlesbaren Bogen beantworten, der sich dann innerhalb von zwei Stunden computerbasiert auswerten lässt; eine Arbeit, mit der die Dozenten gar nichts zu tun haben.

Nun wären Multiple-Choice-Prüfungen wohl die optimale, zeitsparende und objektive Prüfungsmethode, wenn sie nicht einen Haken hätten. Es liegt in der Natur dieser Prüfungen, dass neben einer richtigen eine oder mehrere falsche Antwortalternativen angegeben werden. Dozenten meinen, sie würden das Wissen der Studenten erheben, aber jedes Lesen einer Aussage ist eine neue Gelegenheit, diese zu lernen, auch wenn sie falsch ist. In der Tat zeigt ältere wie neuere Forschung, dass Studenten, die in einer Prüfung falsche Antwortalternativen gesehen haben, diese falschen Alternativen später mit größerer Wahrscheinlichkeit für richtig halten als Studenten, die diese Alternativen nicht gesehen haben; dies vor allem, wenn sie die falschen Alternativen angekreuzt haben. Je mehr falsche Alternativen vorgegeben werden, desto eher halten sie eine falsche Aussage für wahr.

Man soll das Kind nicht mit dem Bad ausschütten; denn es lässt sich ebenfalls zeigen, dass Prüfungen – Multiple-Choice-Prüfungen mit eingeschlossen – insgesamt einen positiven Effekt auf unser Wissen haben. Wer in einer Prüfung sein Wissen abrufen muss, weiß mehr als jemand, der nicht geprüft wird. Schließlich dürfte ich auch dann an falsche Aussagen glauben, wenn ich in einer normalen schriftlichen Prüfung von mir aus das Falsche aufschreibe; das müsste aber noch untersucht werden. Was ist die Moral der Geschichte? Wenn ich selbst das Falsche aufschreibe und mir so mein Wissen verschandle, bin ich selbst schuld. Was aber, wenn ein Dozent durch raffinierte falsche Antworten in einem Multiple-Choice-Test mich dazu verführt, Falsches zu lernen?[33]

Verstehen und Behalten

Erinnerungen sind nicht einfach eine Abbildung dessen, was wir erlebt haben: Sie werden beeinflusst von Wünschen, wie im Kapitel *Der gefärbte Blick zurück* beschrieben, oder von unserem Wissen um alltägliche Zusammenhänge, wie wir in *Ergänzte Erinnerungen* sehen werden. In diesem Kapitel geht es darum, dass der Besitz von Wissen eine effiziente Organisation der Erinnerung erlaubt.

In einem aufsehenerregenden Experiment haben William Chase und der spätere Nobelpreisträger für Ökonomie, Herbert Simon, Schachspieler untersucht. Die eine Gruppe waren Spitzenspieler, die an internationalen Wettkämpfen teilnahmen. Die andere bestand aus Anfängern, die zwar die Spielregeln kannten, aber nur zum Vergnügen Schach spielten. Es hat sich verschiedentlich gezeigt, dass sich Spitzenspieler und Anfänger weder hinsichtlich ihrer allgemeinen Intelligenz noch hinsichtlich der Anzahl von Spielzügen unterscheiden, die sie in Betracht ziehen. Was also unterscheidet Könner und Anfänger wirklich?

Jeder Versuchsteilnehmer wurde einzeln getestet. Er hatte fünf Sekunden lang Zeit, bestimmte Schachstellungen anzuschauen; dann musste er diese Stellungen auf einem anderen Brett nachstellen. Die Stellungen unterschieden sich danach, ob sie in einem Spiel nach der Eröffnungsphase vorkommen können, wie im linken Bild der Fall, oder ob es sich um unmögliche Stellungen handelt, wie im rechten Bild gezeigt.

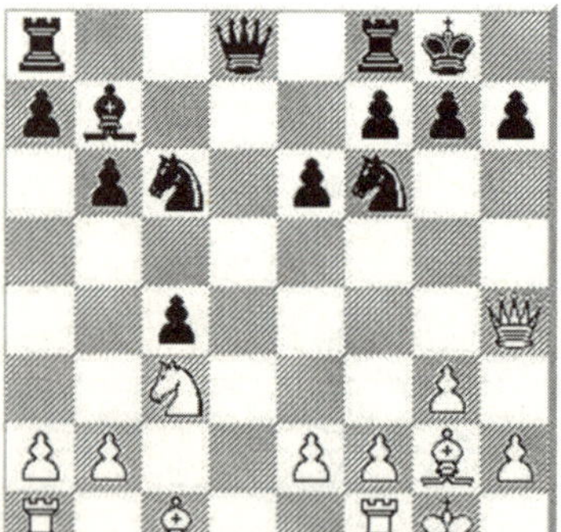

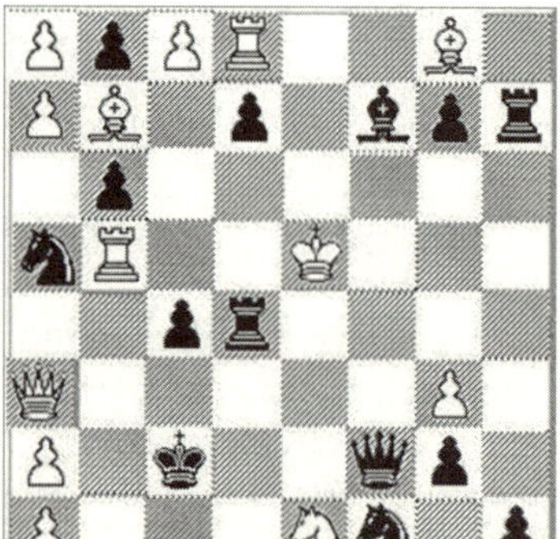

Handelte es sich um Stellungen, die sich im Verlauf einer Schachpartie in der Tat ergeben können, dann waren die Schachmeister in der Lage, die Position von im Durchschnitt mehr als 20 Figuren zu erinnern, während die Anfänger auf vier bis fünf Figuren kamen. Bei jenen Stellungen hingegen, die in einer Schachpartie faktisch unmöglich sind, behielten sowohl Meisterspieler wie Anfänger etwa fünf Figuren im Gedächtnis. Die Schachmeister waren also nur bei Stellungen besser, die sie aus dem Turnierschach kannten, während sie bei sinnlosen Aufstellungen der Figuren genauso verloren waren wie die Anfänger.

Wie kommt es dazu? Man nimmt an, dass Spitzenschachspieler Zehntausende von Stellungen in ihrem Gedächtnis gespeichert haben. Deshalb kannten sie die Stellungen nach der Eröffnungsphase wie ihre eigene Hosentasche, und sie waren in der Lage, die sinnvollen Stellungen in vier oder fünf Untereinheiten einzuteilen. Zum Beispiel sind die Königsstellungen sehr typisch für die Phase nach der Eröffnung, die Springer wurden gerade einmal einen Zug bewegt, und sowohl die Position der Türme als auch die Läuferdiagonalen sind dem Spitzenspieler vertraut. Der Anfänger hat von all dem keine Ahnung und kann deshalb die Stellungen nicht nutzen, um davon ausgehend seine Erinnerungen zu strukturieren. Im Grunde gleicht er einem Menschen, der irgendetwas behalten muss, was für ihn keinen Zusammenhang hat. Ist die Stellung unmöglich, macht sie auch für den Schachmeister keinen Sinn, und nun kann er ebenso wenig wie der Anfänger sein Wissen strukturieren.

Wir haben erwähnt, dass Schachmeister und Anfänger gleich viele Züge in Betracht ziehen; aufgrund ihres viel reicheren Wissens ziehen aber Schachmeister von Anfang an die besseren Züge in Betracht.

Unser Wissen hilft uns dabei, unsere Erinnerungen zu strukturieren, so dass wir sie besser abrufen können. Zum Beispiel können wir einen kurzen Text über ein uns unverständliches Thema etwa aus dem Bereich der Atomphysik lesen und ungefähr zwanzig Minuten lang auch ganz gut wiedergeben. Danach sinkt die Wiedergabeleistung beträchtlich. Direkt im Anschluss an die Lektüre können wir uns nämlich auch an Textausschnitte erinnern, zu denen wir kein Wissen besitzen. Diese Ausschnitte vergessen wir jedoch sehr bald; in Erinnerung bleibt uns lediglich, was wir mit unserem Vorwissen verbinden können. Da nur die wenigsten von uns sich in Atomphysik heimisch fühlen, können wir vom Text dann nichts mehr wiedergeben. Deshalb sollten wir zuerst verstehen, bevor wir ans Behalten denken.

Es bedarf keiner Schachmeistertitel und keiner akademischen Weihen, um ein Expertengedächtnis zu haben. Australische Ureinwohner, die in der Wüste leben, können sich anhand der Anordnung von Steinen orientieren, wo weiße Australier hoffnungslos verloren wären. Schließlich können marokkanische Kinder, die Teppiche knüpfen, diese aufgrund ihres Musters schnell wiedererkennen, während für uns alle Teppiche ähnlich aussehen. Vermutlich haben wir Westeuropäer viel Expertenwissen über Natur und Handwerk verloren, als wir vom Land in die Stadt übersiedelten.[34]

Ergänzte Erinnerungen

Der amerikanische Psychologe James Deese führte 1959 ein Experiment durch, das vorerst für Jahrzehnte unbeachtet blieb, bevor es 1995 aus der Versenkung hervorgeholt und zum Klassiker wurde. Es geht ganz einfach: Versuchspersonen müssen eine Liste von Wörtern lernen, zum Beispiel:

Bett; Ruhe; wach; müde, Traum; erwachen; dösen; Wolldecke; einnicken; ruhen; schnarchen; Nickerchen; Friede; gähnen; übermüdet.

Danach wurde die Liste entfernt, und die Personen mussten zwei bis drei Minuten später alle Wörter aufschreiben, die sie erinnern konnten. Vielleicht können Sie dies selbst versuchen, bevor Sie weiterlesen.

Im Durchschnitt erinnerten die Versuchspersonen ein Wort mit einer Wahrscheinlichkeit von 65 Prozent; die Erinnerungswahrscheinlichkeit sank auf 40 Prozent bei einem Wort, das sich in der Mitte der Liste befand. Das eigentlich Überraschende jedoch war, dass das Wort *Schlaf*, das in der Wortliste überhaupt nicht vorkam, mit einer Wahrscheinlichkeit von 40 Prozent aufgeschrieben wurde, also gleich oft wie die Wörter in der Mitte der Liste. Auch wenn Wörter vorgegeben wurden und die Versuchspersonen sagen sollten, ob das Wort in der Liste enthalten sei, lautete bei «Schlaf» die Antwort fast ebenso oft Ja wie bei Wörtern, die tatsächlich in der Liste standen.

Die Untersuchung zeigt eindrücklich, dass wir nicht nur erinnern und vergessen, sondern auch Erinnerungen hinzufügen. Diese Zusätze passen oft gut zu den tatsächlichen Erinnerungen und ergänzen diese ideal. Sehen Sie sich die Liste nochmals an: Alle Wörter haben etwas mit Schlaf zu tun; deshalb glaubten die Personen, das Wort *Schlaf* zu erinnern, und hatten großes Vertrauen in diese Erinnerung. Wir werden im Kapitel *Ein Gerücht entsteht* ... sehen, dass dieses Vertrauen in die eigene Erinnerung peinliche Auswirkungen haben kann.

In der Regel ist es durchaus sinnvoll, dass wir Erinnerungen ergänzen. Wenn ich mich erinnere, dass ich vor drei Wochen mit meinen Kindern an der Busstation Hamburger gegessen habe, dann kann ich nicht alle Details erinnern – wie ich angestanden bin, was ich gegessen habe, was meine Kinder gegessen haben. Aber ich weiß, wie es dort zugeht, was man dort isst oder dass Viviane lieber Pommes frites und David lieber Hamburger mag, so dass die beiden wohl das eine gegen das andere getauscht haben. Solches Wissen wird dann in den Teppich der Erinnerungen eingewebt, so dass wir später nicht mehr unterscheiden können, welche Fasern echte Erinnerung und welche nur eingefügtes Wissen sind.[35]

Es ist vollbracht, ich kann's vergessen

Haben wir eine unangenehme Aufgabe hinter uns gebracht, können wir aufatmen: Es ist vollbracht, jetzt können wir's vergessen. Dass wir eine Aufgabe tatsächlich vergessen, wenn sie beendet ist, zeigte Bluma Zeigarnik in einem heute klassischen Experiment. Die in Berlin tätige russische Psychologin ließ Versuchspersonen 22 Aufgaben ausführen, beispielsweise ein Puzzle lösen, ein Gedicht auswendig lernen oder Perlen auffädeln. Die Versuchspersonen wurden in ihrem Tun unterbrochen, nachdem sie die Hälfte der ihnen zugedachten Aufgabe erledigt hatten, durften aber die zweite Hälfte einer anderen Aufgabe übernehmen. Erstaunlich war, dass die Versuchspersonen sich nicht gerne unterbrechen ließen und zum Teil handgreiflich von der Beendigung der Aufgabe abgehalten werden mussten. Bluma Zeigarnik interessierte sich indes dafür, welche Aufgaben am besten im Gedächtnis blieben. Die Versuchspersonen mussten alle Aufgaben aufzählen, die sie erhalten hatten. Hier zeigte sich, dass eher jene Aufgaben erinnert wurden, die von den betreffenden Personen nicht beendet werden durften. Zeigarnik schloss daraus, dass eine nicht abgeschlossene Aufgabe einen Spannungszustand erzeugt, der dafür sorgt, dass uns diese Aufgabe im Gedächtnis bleibt, während bei abgeschlossenen Aufgaben keine solche Spannung mehr vorhanden ist. Man nennt dies heute den Zeigarnik-Effekt.

Immerhin ist eine andere Erklärung denkbar: Da die Versuchspersonen zum Teil unsanft am Lösen der Aufgaben gehindert wurden, könnten ihnen diejenigen Aufgaben am besten in Erinnerung geblieben sein, bei denen die Versuchsleiterin handgreiflich wurde. Um diese Erklärung auszuschließen, wurden Jahrzehnte später andere Experimente durchgeführt, in denen die Versuchspersonen eine gewisse Zeit zum Lösen einer Aufgabe hatten, dann wurde diese weggelegt, und es folgte die nächste Aufgabe. Folglich mussten die Versuchspersonen nicht von einer Aufgabe weggezerrt werden. Auch unter diesen Bedingungen konnten sich die Versuchspersonen besser an diejenigen Aufgaben erinnern, die sie nicht beenden konnten. Dass wir Dinge vergessen, wenn sie vollbracht sind, ist nicht ungewöhnlich. Man denke nur daran, was passierte, wenn ein Lehrer eine Woche nach einer Prüfung unerwartet nochmals eine Prüfung über den gleichen Stoff schreiben lassen würde.

Wie kam denn Bluma Zeigarnik überhaupt auf die Idee, diese Studie durchzuführen? Hierzu wird erzählt, dass sie jede Woche mit den Mitgliedern ihres Laboratoriums abends in ein Wirtshaus ging. Sie aßen und tranken. Am Ende des Abends kam der Kellner und wusste von jeder der 15 bis 20 Personen am Tisch, was sie getrunken und gegessen hatte. Eine erstaunliche Leistung! Eines Abends kam Bluma Zeigarnik auf die Idee, den Kellner noch einmal zu fragen, was jeder Gast am Tisch konsumiert habe, nachdem die Rechnung bereits bezahlt war. Der Kellner war bass erstaunt über die Frage und meinte: «Nee, es haben ja alle bezahlt, weshalb soll ich das noch wissen?» Der Zeigarnik-Effekt war geboren![36]

Am Arbeitsplatz

Tun Sie, was ich sage!

Die Krankenschwester, nennen wir sie Sarah Kerry, führt auf der Station gerade die Teetasse zum Mund, als das Telefon klingelt. Am anderen Ende der Leitung ist ein Arzt und sagt, er könne erst später kommen, bitte aber darum, dass einem Patienten ein bestimmtes Medikament verabreicht werde. Sarah Kerry kennt den Arzt nicht. Er fragt sie, ob im Medizinschrank ein Medikament namens Astroten vorhanden sei. Die Krankenschwester schaut nach und findet Astroten. Auf der Packung befindet sich folgende Aufschrift:

Astroten
5 mg Kapseln
Durchschnittsdosis: 5 mg
Tägliche Höchstdosis: 10 mg

Sie geht zurück zum Telefon und sagt dem Arzt, dass sie das Gewünschte gefunden habe. Der Arzt ordnet an, sie solle dem Patienten 20 mg Astroten geben. Er komme in zehn Minuten, um die Anweisung zu unterschreiben, bitte sie aber darum, das Medikament sofort zu verabreichen.

Nicht nur Sarah Kerry erhielt einen solchen Anruf. Sie war – ohne es zu wissen – eine von 22 Krankenschwestern, die an einer Untersuchung über Gehorsam gegenüber Anweisungen von Autoritätspersonen teilnahm. Astroten gibt es nicht, die Tabletten waren harmlose Placebos. Ein diensthabender Arzt notierte das Verhalten der Krankenschwestern und unterbrach sie gegebenenfalls bei der Verabreichung des Medikaments. Wie viele Krankenschwestern führten die Anordnung des fremden Arztes aus?

Von den 22 untersuchten Krankenschwestern begannen 21 mit der Verabreichung des Medikaments, bis der diensthabende Arzt sie unterbrach. Damit verletzten die Krankenschwestern mehrere Krankenhausregeln: Die verordnete Menge überstieg die tägliche Höchstdosis, zudem ist es nicht erlaubt, medizinische Anordnungen per Telefon zu geben. Astroten befand sich auch nicht auf der Medikamentenliste des Spitals, und die Verschreibung erfolgte durch jemanden, den die Krankenschwester nicht kannte.

Später wurde anderen Krankenschwestern exakt die in der Untersuchung geschaffene Situation beschrieben. 83 Prozent der Schwestern sagten, dass sie das Medikament nicht verabreichen würden, und glaubten, dass eine Mehrheit von Schwestern diesen Auftrag verweigern würde. Von 21 Schwesternschülerinnen gaben alle an, dass sie das verordnete Medikament nicht verabreicht hätten.

Die Untersuchung zeigt, wie leicht sich Personen von Autoritätspersonen dazu verleiten lassen, Dinge zu tun, die gegen die Vorschriften sind. Es scheint, dass wir dies nicht eigentlich wollen und dass wir glauben, dass uns dies nicht passieren kann. Nur allzu leicht passiert es doch.[37]

Warum hat er das getan?

Vor mehreren Jahren hörte ich einmal die Geschichte eines Mannes, der zwanzig Jahre lang Verkaufsleiter in einem Supermarkt war und dort ein sicheres Auskommen hatte. Eines Tages wurde er dabei erwischt, dass er einen Film für seine Fotokamera stahl, und daraufhin fristlos entlassen. Warum hat der Verkaufsleiter den Film, der ihn keine zehn Euro gekostet hätte, «mitgehen» lassen und damit seine berufliche Laufbahn mit einem Schlag zerstört? Eine im

Westen verbreitete Erklärung ist, dass der Verkaufsleiter einen schlechten Charakter habe, unehrlich sei, sich nicht beherrschen könne. Es scheint, als habe der Verkaufsleiter schon immer eine Veranlagung gehabt, die sich dann in dem Diebstahl zeigte und sich auch weiterhin zeigen werde. In Süd- und Ostasien würden Menschen eher vermuten, dass sich der Verkaufsleiter gerade in Geldnot befunden habe, dass er wütend auf die Geschäftsleitung der Supermarktkette gewesen sei oder nach dem Motto «Gelegenheit macht Diebe» in Versuchung geraten sei. Statt mit stabilen Eigenschaften einer Person, wie Unehrlichkeit oder Unbeherrschtheit, erklären Inder, Chinesen oder Japaner den Diebstahl vorwiegend mit der Situation, in der sich der Verkaufsleiter befand. Im Westen glaubt man also, dass stabile persönliche Eigenschaften eine Tat erklären, wohingegen man in süd- und ostasiatischen Kulturen davon ausgeht, die momentane Situation sei der Schlüssel zum Verständnis der Tat.

In Wahrheit spielen beide Faktoren eine Rolle, die Persönlichkeit und die Situation. Es gibt viele Menschen, die selbst bei der besten Gelegenheit nicht stehlen. Allerdings überschätzen wir im Westen die Rolle der Persönlichkeit. Auch Personen, die auf Diebestour sind, stehlen nur, wenn die Gelegenheit dazu gegeben ist. Andere kommen erst auf krumme Gedanken, wenn sich die Gelegenheit ergibt.

Wer glaubt, stabile Eigenschaften allein erklärten Handlungen, verliert den Glauben daran, die Umstände optimal gestalten zu können. Dies gilt nicht nur für Diebstahl, sondern zum Beispiel auch für das Anbringen von Graffiti. Man hat herausgefunden, dass Personen dort sprayen, wo bereits Graffitis vorhanden sind. Die Stadt New York hat geduldig alle Graffitis so schnell wie möglich entfernt und ist so dieser Plage nach Jahren Herr geworden. Personen sprühen Graffitis nicht etwa, weil sie eine entsprechende Persönlichkeit haben, sondern weil sie beim Anblick von Graffitis auf den Gedanken kommen: Das könnte ich auch tun.[38]

«Thomas hat was mit der Therese», meint Alexandra, eine Bankangestellte, in der Pause, «der Albert hat mir's erzählt. Thomas war abends bei Therese.» Natürlich sind alle an dieser Neuigkeit interessiert. Nach einiger Zeit stellt sich heraus, dass die beiden nichts miteinander haben. Peinlich für Alexandra. Natürlich wird nun Albert ausgefragt; der aber behauptet, er habe das nicht gesagt.

Was ist passiert? Albert erzählt Alexandra bedeutungsschwanger, dass er am Vorabend das Auto von Thomas vor der Wohnung Thereses gesehen habe. Die Schlussfolgerung überlässt er Alexandra, die eine Stunde später in der Pause nicht bloß wiederholt, was Albert ihr erzählt hat, sondern um den logisch scheinenden Schluss ergänzt. Später bleibt sie dabei, Albert habe ihr erzählt, Thomas sei bei Therese gewesen, während Albert behauptet, er habe nur gesagt, Thomas' Auto habe vor Thereses Wohnung gestanden, was natürlich noch gar nichts bedeute. Will sich Alexandra rausreden, oder lässt ihr Gedächtnis sie tatsächlich im Stich?

Die grundlegende Studie dazu hat der britische Psychologe Sir Frederick Bartlett bereits 1932 veröffentlicht. Er erzählte seinen Versuchspersonen eine exotische, gespenstisch anmutende Geschichte mit dem Titel «Krieg der Geister»; diese war in sich wenig zusammenhängend und besaß überraschende Wendungen. Die Versuchspersonen hatten die Geschichte nach unterschiedlichen Zeitabständen zu wiederholen. Dass die Versuchspersonen einiges vergaßen und deshalb ausließen, ist weiter nicht überraschend. Sie vergaßen aber nicht nur, sondern fügten auch Dinge hinzu oder veränderten Informationen in einer Weise, dass sie besser verständlich wurde. Es wurden Zusammenhänge hergestellt, die so im Text nicht vorhanden waren; es wurde hinzugefügt, dass die Geschichte auf einer Insel spielte, was zwar so sein konnte, aber nicht im Text stand; und unerklärliche Ereignisse wurden so verändert, dass sie sich besser erklären ließen. So floss gegen Ende der Geschichte eine schwarze Flüssigkeit aus dem Mund des einen Kriegers, was zu «Er schäumte aus dem Mund» abgewandelt wurde. Auch Details veränderten sich in Richtung besserer Verständlichkeit, immer vor dem Hintergrund britischer Kultur der dreißiger Jahre betrachtet: Aus «Kanu» wurde «Boot», aus «paddeln» «rudern», aus einer «Erdnuss» eine «Haselnuss».

Erinnerungen, so Bartlett, sind nicht bloßes Abbild dessen, was wir lesen, sehen oder hören, sondern enthalten Konstruktionen, um einer Geschichte einen Sinn zu geben. Dies ist an sich nützlich, wie wir im Kapitel *Ergänzte Erinnerungen* gesehen haben. Es ist aber genau das, was auch in der Gerüchteküche geschieht: Wer hört, dass Thomas' Auto vor Thereses Wohnung stand, muss sich fragen, was der Albert damit sagen wollte. Dass ein Auto vor jemandes Wohnung steht, ist nicht in sich selbst spannend; damit wollte er bestimmt etwas darüber hinaus sagen, so dass sich Alexandra die Schlussfolgerung selbst zurechtlegen muss. Auf diese Weise kann es gut sein, dass sie – ohne es zu wollen und zu wissen – eine neue Erinnerung konstruiert, die nicht den Worten entspricht, die Albert gewählt hat, wohl aber dem damit gemeinten Sinn, nämlich dass Thomas bei Therese war. Und von da bis zur Schlussfolgerung, dass die beiden ein Verhältnis haben, ist es nicht weit. Warum hätte es Albert denn sonst überhaupt erzählt?

Die Geschichte hier ist gut ausgegangen. Trotzdem ist die Gefahr groß, dass etwas hängen bleibt, wie wir im nächsten Kapitel sehen werden.[39]

Am Arbeitsplatz geht das Gerücht um, dass Thomas den Papagei seiner Nachbarin hüten sollte, während diese in den Ferien war. Diese Aufgabe war ihm aber nach drei Tagen so zuwider, dass er dem armen Tier kurzerhand den Hals umgedreht habe. Dies wirft ein schlechtes Licht auf den ansonsten guten Ruf des ahnungslos vom Gerücht Betroffenen. Drei Wochen später wird allmählich klar, dass an dem Gerücht nichts dran ist. Die Frage ist: Ist der Ruf von Thomas wieder hergestellt, oder bleibt da etwas hängen? Schauen wir uns zunächst eine klassische Studie an, um dann auf den Fall des Gerüchts zurückzukommen.

In dieser Studie sollten Personen zwischen echten und fiktiven Abschiedsbriefen von Selbstmördern unterscheiden. Die Versuchspersonen wurden zufällig einer von zwei Gruppen zugeteilt. Der Versuchsleiter erklärte der einen Gruppe, sie habe die Aufgabe sehr gut gelöst, während die andere Gruppe hörte, sie habe schlecht abgeschnitten.

Nach einiger Zeit wurde allen Versuchspersonen gesagt, dass der Versuchsleiter in Wahrheit keine Ahnung über die tatsächliche Leistung gehabt habe und die Rückmeldung deshalb wertlos gewesen sei. Trotzdem glaubten auch jetzt noch jene Personen, denen bescheinigt worden war, sie hätten gut abgeschnitten, dass sie die Aufgabe im Vergleich zu anderen gut gelöst hätten. Diejenigen Personen hingegen, die gehört hatten, sie seien gescheitert, hielten weiterhin an dem Glauben fest, sie hätten die Aufgabe schlecht gelöst. Dies ist eines von vielen Experimenten, die zeigen, dass Personen falsche Information nur unvollständig korrigieren können. Warum ist dies so?

Man hat herausgefunden, dass Personen für ein bestimmtes Ereignis (z.B. eine erbrachte Leistung) nach einer Erklärung suchen. Einer Versuchsperson, der man sagt, sie habe die Aufgabe unzureichend gelöst, mag sich etwa sagen: «In meiner Umgebung hat zum Glück noch nie jemand Selbstmord verübt, so dass ich diese Aufgabe auch nur schlecht lösen konnte.» Wenn nun dieselbe Person hört, dass ihre Leistung gar nicht so schlecht war, kann sie sich wohl merken, dass die Rückmeldung nicht richtig war, sie kann aber nicht einfach die Gedanken zurücknehmen, die sie sich infolge der Beurteilung gemacht hat. Darum hat sie immer noch eine zu negative Meinung über die erbrachte Leistung.

Genauso, aber mit umgekehrten Vorzeichen, ergeht es einer Person, die eine positive Rückmeldung erhalten hat. Angeblich ist sie imstande, Abschiedsbriefen zu entnehmen, welcher Schreiber Selbstmord verübt hat und welche Briefe gefälscht waren. Um sich dies zu erklären, ruft sich die betreffende Person Ereignisse in Erinnerung, bei denen sie sich als einfühlsam und sensibel erwies. Wenn sie nach einiger Zeit hört, dass die vorherige Rückmeldung nicht zutrifft, dann kann sie ihr Urteil über ihre Fähigkeit nur unvollständig korrigieren, weil sie all die positiven Gedanken nicht in Betracht zieht, die sie sich seit der (falschen) Rückmeldung über sich gemacht hat.

Kommen wir auf das Gerücht zurück, dass Thomas dem Papageien den Hals umgedreht habe. Die soeben beschriebene und andere Studien zeigen, dass wir einmal aufgenommene Informationen nur unzulänglich korrigieren, wenn sie sich als falsch erweisen. Auch im Fall von Thomas fragen sich die Arbeitskollegen, warum der sonst so friedfertige Thomas dies getan hat. So erinnert man sich, dass Thomas morgens manchmal nicht grüßt. Außerdem hat er beim Firmenausflug vor zwei Jahren drei große Bier getrunken und wurde etwas laut. So müssen an sich belanglose Einzelheiten herhalten, um diese unerwartete Tat zu erklären. Wenn sich das Gerücht nun als falsch herausstellt, so korrigiert man zwar die Information, dass Thomas den Papagei erwürgt habe. Fragt man sich jedoch, wie friedlich Thomas wirklich sei, so bleiben Zweifel. Zwar weiß man, dass er es nicht getan hat;

aber all die Gedanken, die man sich gemacht hat, um die Tat zu erklären, werden nicht zurückgenommen. Das Gerücht hat dazu geführt, Thomas von einer negativen Seite zu sehen.[40]

Die geklaute Idee

In einer Sitzung bringen Sie eine Idee auf, wie Ihre Abteilung reorganisiert werden müsste, damit sie effizienter arbeiten würde. Man hört sich Ihre Ausführungen an, aber dann versandet die Idee, ohne dass sie richtig diskutiert worden wäre. Zwei Monate und einige Sitzungen später wird erneut die Reorganisation Ihrer Geschäftseinheit diskutiert. Der Chef kündigt an, eine völlig neue Idee einzubringen, und alle sind gespannt, was dies wohl sein werde. Die Idee wird präsentiert, und zu Ihrer Verblüffung ist es genau die Idee, die Sie vor zwei Monaten gehabt haben. Ihnen ist klar: Der Chef hat Ihre Idee geklaut und nur lange genug gewartet, bis alle vergessen haben, dass es Ihre Idee war. Sie sind stinksauer!

Muss es tatsächlich böse Absicht sein? Neuere Forschung hat gezeigt, dass man auch unabsichtlich Ideen klauen kann. Haben Sie nämlich Ihre Idee einmal geäußert, so wird sie registriert und gespeichert. Natürlich wird auch registriert, dass die Idee von Ihnen kommt. Mit der Zeit vergessen einige Sitzungsteilnehmer sowohl Ihre Idee wie auch die Tatsache, dass Sie sie vorgebracht haben; andere hingegen vergessen zwar den genauen Inhalt Ihrer Idee, wissen aber noch, dass sie von Ihnen stammt. Schließlich haben einige zwar die Idee behalten, aber vergessen, von wem sie war. Was die Sache noch schlimmer macht: Einige Sitzungsteilnehmer – in diesem Beispiel auch der Chef – haben die Idee durchaus irgendwie gespeichert, denken jedoch nicht mehr daran. Wenn Ihrem Chef später die Idee kommt, dann glaubt er, dass es seine ureigene Idee ist, weil er längst vergessen hat, dass diese Idee in einer früheren Sitzung bereits von jemandem geäußert wurde.

Wie kann sich Ihr Chef davor hüten, dass er Ihnen eine Idee klaut? Ein Patentrezept gibt es nicht; wenn er aber eine Idee hat, kann er einen Moment innehalten und sich fragen, ob diese Idee schon von jemand anderem geäußert wurde. Damit kann er die Wahrscheinlichkeit des Klauens fremder Ideen beträchtlich reduzieren.

Hoffen wir, dass Ihr Chef keine Ihrer Ideen klaut. Sollte ihm dies nicht gelingen, bleibt Ihnen ein Trost: Selbst wenn Ihre gute Idee anscheinend dem Vergessen anheimfällt, so setzt sie sich in irgendeinem Gehirn doch fest und arbeitet seelenruhig ihrer Wiederentdeckung entgegen. [41]

Vorhersage des Berufserfolgs: Computer sind besser als Graphologen

In den neunziger Jahren sollen über die Hälfte der Schweizer Firmen die Graphologie zurate gezogen haben, um zwischen Stellenbewerbern auszuwählen. Kann die Schriftdeutung den Berufserfolg einer Person wirklich vorhersagen?

Dass dies nicht der Fall ist, zeigt eine Untersuchung aus Israel, in der man Graphologen die handgeschriebenen Lebensläufe von Bankangestellten gab. Die Graphologen beurteilten diese hinsichtlich verschiedener Eigenschaften, die als wichtig für den Berufserfolg angesehen wurden. Dieselben Lebensläufe wurden einer Psychologin gegeben, die keine Ausbildung in Graphologie hatte und die die betreffende Person einzig aufgrund der im Lebenslauf gegebenen Informationen beurteilen sollte. Schließlich wurde ein Computerprogramm erstellt, das für den Berufserfolg relevante Informationen dem Text entnehmen und so den Berufserfolg vorhersagen konnte. Um den objektiven Berufserfolg festzustellen, mussten Vorgesetzte die gleichen Eigenschaften der Bankangestellten beurteilen wie die Graphologen, die Psychologin und das Computerprogramm. So ließ sich der Zusammenhang zwischen Vorhersagen und Beurteilung des Vorgesetzten berechnen.

Die Graphologen konnten den Berufserfolg in bescheidenem Maße vorhersagen; allerdings war die Psychologin, die ihre Beurteilungen bloß aufgrund der Informationen im Lebenslauf vornahm, immer noch leicht besser als die Graphologen. Dieses Ergebnis belegt auch, dass sich der bescheidene Erfolg der Graphologen auf die in den Lebensläufen enthaltene Information zurückführen lässt. Der Clou der Untersuchung war, dass das Computerprogramm am besten abschnitt und somit den Berufserfolg am besten vorhersagen konnte.

In einer zweiten Studie erhielten die Graphologen handgeschriebenes Material, aus dem der Beruf der Schreiber entnommen werden sollte; acht Berufe standen zur Auswahl, nur einer davon traf auf den jeweiligen Schreiber zu. Die Schreiber hatten einen vorgegebenen Text abzuschreiben. Das Textmaterial wurde mit Hilfe eines der angesehensten Graphologen in Israel entwickelt. Es wurden nur Berufstätige ausgewählt, die ihre ganze Karriere über den gleichen Beruf ausgeübt hatten, mindestens zehn Jahre im Arbeitsleben standen, ihre Berufswahl als glücklich bezeichneten und von Kollegen und Kunden als erfolgreich eingestuft wurden. Die Leistung der Graphologen lag innerhalb des Bereichs, den man dem Zufallsprinzip entsprechend erwarten würde.

Die Graphologie ist nicht in der Lage, das zu leisten, was sie ihren Kunden verspricht; ein geschickt programmierter Computer kann dies besser.[42]

TEAM – Toll, Ein Anderer Macht's

Gruppenarbeit – zu Neudeutsch Teamwork – wird in Schule und Beruf großgeschrieben. Bei komplexen Projekten ist Gruppenarbeit oft notwendig, da jeder seine Kompetenzen einbringen und das Resultat auf diese Weise optimiert werden kann. Außerdem versucht man, mit Gruppenarbeit die Isolation des Einzelnen aufzubrechen; statt Wettbewerb will man den Zusammenhalt in der Gruppe fördern. Wie steht es aber mit der Leistung in Gruppen, wenn auch jeder für sich arbeiten könnte?

Der französische Agraringenieur Max Ringelmann ließ Ende des 19. Jahrhunderts Ochsen, Pferde und Menschen in Gruppen arbeiten, um die optimale Menge für bestimmte Arbeiten herauszufinden. Sollte man ein Feld mit zwei oder drei Pferden pflügen? Können fünf Arbeiter eine große Kurbel schneller drehen als vier? Dabei handelt es sich um Arbeiten, bei denen sich die Leistung eines jeden Einzelnen addiert. Das Ergebnis war, dass die Produktivität sank, je mehr Tiere oder Personen beteiligt waren; man nennt dies heute den Ringelmann-Effekt. Dies galt auch für Seilziehen oder für das Applaudieren nach einem Konzert: Je mehr Personen daran beteiligt waren, desto weniger trägt der Einzelne zum gemeinsamen Resultat bei.

Warum ergeben sich solche Einbußen der Produktivität? Dazu führten Bibb Latané und seine Kollegen eine elegante Studie durch. Die Versuchspersonen trugen Augenbinden und Kopfhörer; von einem Tonband kamen laute Geräusche, die verhindern sollten, dass sie hören konnten, was um sie herum vorging. Ihnen wurde gesagt, man sei daran interessiert, wie Personen in Gruppen Geräusche produzieren, wenn keine Rückmeldung möglich sei, sich die Versuchspersonen also weder hören noch sehen konnten. Die Aufgabe war, kurz gesagt, so laut wie möglich zu schreien. Es gab nun verschiedene Bedingungen: Einigen Versuchspersonen wurde gesagt, dass sie alleine seien. Ihre Leistung war beeindruckend: Ihr Schreien erreichte in etwa die Lautstärke eines Presslufthammers. Andere Personen wurden in Zweiergruppen getestet; man kann erwarten, dass zwei zusammen doppelt so laut schreien wie eine Einzelperson. Allerdings erreichten sie nur 66 Prozent der erwarteten Lautstärke. Wurden die Personen in Sechsergruppen getestet, erreichten sie lediglich noch 36 Prozent der Lautstärke, die von ihnen erwartet werden konnte.

So weit ist dies eine Wiederholung des Ringelmann-Effekts. Nun gibt es zwei Möglichkeiten, die Resultate zu erklären. Erstens können Koordinationsverluste auftreten: Wenn nicht alle gleichzeitig ihr Bestes geben, dann wird die maximal mögliche Gruppenleistung nicht erreicht. Zweitens kann die Motivation sinken: Warum soll ich mein Bestes geben, wenn andere da sind, die die Arbeit auch machen können? Um diese zwei Möglichkeiten zu differenzieren, wurde den Versuchspersonen gesagt, dass sie in Gruppen schreien würden, aber in Wahrheit schrien sie mutterseelenallein; in diesem Fall können sich keine Koordinationsverluste ergeben. Da sie Augenbinden angelegt hatten und wegen der lauten Geräusche nichts hören konnten, merkten sie nichts von dieser Täuschung. Schrien nun die Versuchspersonen weniger laut, dann war dies einzig und allein auf die Abnahme der Motivation zurückzuführen.

Glaubten die Versuchspersonen, dass sie zusammen mit einer anderen Versuchsperson schrien, erreichten sie 82 Prozent der erwarteten Lautstärke; tatsächliche Gruppen erreichten 66 Prozent, wie oben erwähnt. Glaubten die Personen, in Sechsergruppen getestet zu werden, erreichten sie 74 Prozent der erwarteten Lautstärke, im Vergleich zu den oben erwähnten 36 Prozent in tatsächlichen Gruppen. Grob geschätzt, war also etwa die Hälfte der Produktivitätseinbußen auf Koordinationsverluste, die andere Hälfte auf Motivationsverluste zurückzuführen.

In der psychologischen Forschung konzentriert man sich vor allem auf die Anhebung der Motivation in Gruppen. Es zeigt sich, dass die Motivation steigt, wenn die Aufgabe für die einzelnen Gruppenmitglieder sinnvoll und wichtig ist, wenn jeder das Gefühl hat, sein Beitrag sei wichtig, wenn klare Ziele gesetzt werden, die ehrgeizig, aber realistisch sind, und wenn die Gruppenmitglieder das Gefühl haben, die nötigen Fähigkeiten zu besitzen, um eine gute Leistung zu erbringen.[43]

Brainstorming – aber richtig!

Wenn eine Firma neuen Schwung braucht oder eine neue Idee für ein altes Produkt, dann ist Kreativität gefragt. Kreativität lebt von der Kombination von Ideen; da viele Köpfe mehr Ideen haben als einer, liegt es nahe, zusammen Ideen zu erzeugen. So wurde das Brainstorming – eine Technik zur Erzeugung von Ideen – entwickelt. Einige einfache Prinzipien mussten eingehalten werden, so dachte man, und die Kreativität lässt sich vervielfachen. Zu diesen Prinzipien gehört, dass jede Idee vorgebracht werden soll; und dass vorerst niemand die Idee bewerten soll, da jede Idee gut und nützlich ist. Erst wenn alle Ideen gesammelt sind, soll man darangehen, diese auf ihre Verwendbarkeit hin zu prüfen. Brainstorming wurde zu einem Riesenerfolg, vor allem in der Industrie.

Einige Forscher wollten wissen, ob Brainstorming wirklich die Kreativität erhöht. Wenn vier Personen in einer Gruppe Ideen ausbrüten, erzeugen sie dann mehr Ideen als vier Einzelpersonen? In einer Studie ließ man jeweils vier Personen 15 Minuten lang Ideen sammeln – entweder in Vierergruppen oder als Einzelpersonen. Das Ergebnis war für das Brainstorming ernüchternd: Vier Einzelpersonen erzeugten mehr als doppelt so viele Ideen wie eine Gruppe aus vier Personen. In vielen Studien war die Qualität der Ideen oft besser, wenn vier Einzelpersonen sie ausgebrütet hatten. Dies passt gut zu den im letzten Kapitel beschriebenen Befunden aus der Gruppenpsychologie, wonach Gruppen bei Aufgaben, die einzeln gelöst werden können, eine geringere Leistung erbringen als die gleiche Anzahl Einzelpersonen. Wir haben gesehen, dass die Leistungseinbuße in Gruppen von zwei Faktoren abhängt: Erstens gibt es in der Gruppe Koordinationsverluste. Während die Einzelpersonen nach Lust und Laune vorgehen können, müssen sich Gruppenmitglieder aufeinander abstimmen. Zweitens nimmt innerhalb einer Gruppe die Motivation des Einzelnen ab, einen Beitrag zu leisten. Im Brainstorming zeigte sich, dass vor allem Personen, die als Einzelpersonen viele Ideen vorbringen, sich in der Gruppe zurückhalten: Wer schon fünf Ideen gebracht hat, möchte doch gerne denen den Vortritt lassen, die noch keine Idee geäußert haben.

Ist also Brainstorming eine der an sich guten Ideen, die man wegen mangelnder Bewährung in der Praxis wieder begraben muss? Nicht ganz. Inzwischen ist man darauf gekommen, dass Ideen am besten von jedem Einzelnen aufgeschrieben werden, bevor man sich in der Gruppe trifft, wo jeder seine Ideen vorbringt, die dann kombiniert werden können. So lässt sich die höhere Leistung der Einzelpersonen mit der kreativeren Nutzung vieler Ideen in der Gruppe verbinden.[44]

Business

Die Planungsfalle

Die Planer der Stadt Sidney schätzten im Jahre 1957, dass das geplante Opernhaus im Jahr 1963 für sieben Millionen Dollar fertiggestellt werde. Schließlich wurde 1973 eine bescheidenere Version für 102 Millionen Dollar eröffnet. Wir werden uns hier auf die Zeitplanung konzentrieren. Solche Fehler geschehen nicht nur im Großen, sondern auch im Kleinen: Wir erledigen Berichte, Schreibarbeiten oder die Steuererklärung erst im oder oft sogar nach dem letzten Moment. Und wer hat sich als Kind nicht vor Weihnachten ganz fest vorgenommen, der Patin noch im alten Jahr den Dankeschönbrief für das Geschenk zu schicken, der dann endlich in den ersten Monaten des neuen Jahres – unter moralischem Druck der Eltern – geschrieben wurde.

Warum passiert es uns immer wieder, dass wir zu optimistisch planen? Die meisten Personen fragen sich, was zu tun ist. Sie unterteilen die Arbeit in die einzelnen erforderlichen Schritte – Wohnzimmer aufräumen, abstauben, staubsaugen – und rechnen aus, wie viel Zeit die einzelnen Schritte benötigen. Was vernachlässigt wird, sind mögliche Zerstreuungen und Störungen, die unserem Vorhaben im Wege stehen. Wenn wir beim Aufräumen die gestrige Zeitung sehen und uns bewusst wird, dass wir unbedingt den Artikel über das Leben in Vorpommern vor 200 Jahren lesen wollten, dann ist die Räumarbeit bereits für zehn Minuten unterbrochen. Schellt während des Aufräumens auch noch das Telefon, kommen weitere wertvolle Minuten dazu. Dies sind Störungen, die wir bei der Zeitplanung nicht einberechnet haben.

Um zu realistischeren Einschätzungen unseres Zeitbedarfs zu gelangen, dürfen wir nicht einfach zusammenzählen, was uns gerade in den Sinn kommt; bestimmt vergessen wir etwas Unvorhergesehenes. Zu einer besseren Einschätzung gelangen wir, wenn wir uns vorstellen, wie pünktlich oder unpünktlich wir in der Vergangenheit mit einem Vorhaben fertig wurden. Dazu müssen wir frühere Vorhaben abrufen und uns vergegenwärtigen, inwiefern diese relevant für unsere geplanten Vorhaben sind. Denn bereits bei früheren, ähnlichen Vorhaben haben wir die Erfahrung gemacht, dass wir uns zerstreuen und stören lassen.

Wenn wir uns auf das konzentrieren, was zu tun ist, und dabei das vergessen, was uns von unseren Vorhaben abhält, dann sind unsere Zeitberechnungen zu optimistisch. Wir müssen in die Vergangenheit schauen, uns ähnliche Situationen vergegenwärtigen und die wichtigen Aspekte für die Planung berücksichtigen. Dann werden unsere Zeitschätzungen realistischer.[45]

Wenn wenig Denken viel nützt

Wir glauben oft, dass wir bei komplexen Entscheidungen mehr nachdenken müssen als bei einfachen Entscheidungen, um zu einem befriedigenden Ergebnis zu kommen. Wenn wir ein Shampoo kaufen, denken wir nicht viel nach; bei einer Kamera hingegen schon. In einer 2006 in der Fachzeitschrift *Science* publizierten Studie zeigten niederländische Forscher, dass dies nicht so sein muss: Personen, die angaben, ein bestimmtes Produkt gekauft zu haben, wurden gefragt, wie viel sie über das Produkt nachgedacht hatten und wie zufrieden sie mit dem Produkt waren. Handelte es sich um eine einfache Entscheidung, wie zum Beispiel Shampoo oder Schuhe, waren die Personen zufriedener, wenn sie bewusst über die Entscheidung nachgedacht hatten. Bei schwierigen

Entscheidungen hingegen – wie zum Beispiel dem Kauf einer Kamera oder dem Anmieten eines Zimmers – waren jene zufriedener, die gerade *nicht bewusst* darüber nachgedacht hatten. Die Forscher schlossen daraus, dass es bei einfachen Käufen gut ist, gründlich nachzudenken, während bei komplexen – und oft teureren – Kaufentscheidungen bewusstes Denken hinderlich ist. Die Autoren untermauerten diese These mit mehreren Experimenten und einer Befragung, bei denen das Ergebnis immer das Gleiche war: Bei komplexen Entscheidungen führt bewusstes Nachdenken zu weniger zufriedenstellenden Entscheidungen.

Warum sollte dies so sein? Bewusstes Nachdenken braucht Zeit; wir müssen eine Analyse Schritt für Schritt vornehmen. Folglich können wir nur wenige Aspekte gleichzeitig in Betracht ziehen. Wenn unser Denken unbewusst bleibt, können viel mehr Gedankeninhalte miteinander verknüpft werden. Deshalb kann es bei komplexen Entscheidungen von Vorteil sein, wenn unser Denken unbewusst bleibt. Dies heißt nicht, dass wir schnell und spontan entscheiden sollen: Optimal ist es, wenn wir uns Zeit bis zur Entscheidung lassen, aber nicht bewusst unsere Aufmerksamkeit auf den Kauf richten, sondern an etwas anderes denken; so können die Fäden unbewusst gesponnen werden, die zu einer zufriedenstellenden Entscheidung führen. Wir können eine Entscheidung überschlafen, sollten aber nicht so viel analysieren, dass sie uns den Schlaf raubt.

Die Zeitschrift *Science* publiziert Resultate, die erstmalig und sensationell sind. Aufgrund dieser Resultate konkrete Empfehlungen abzuleiten wäre verfrüht und riskant. Immerhin wäre es interessant zu wissen, ob die Befunde auch für andere Entscheidungen gelten, zum Beispiel Hauskauf oder Heirat.[46]

Supermarktketten und Versandhauskataloge werben damit, dass sie die größte Auswahl hätten. In der Tat schätzen es Kunden, eine große Auswahl zu haben. Allerdings bedeutet Auswahl auch Qual der Wahl.

Davon zeugt folgende Untersuchung: In einem Supermarkt wurden entweder sechs oder 24 Sorten exotischer Marmelade angeboten. In der Tat verweilten mehr Kunden vor dem Regal, wenn mehr Sorten angeboten wurden: Wurden 24 Sorten angeboten, blieben 60 Prozent der Kunden vor dem Regal stehen; waren es lediglich sechs Sorten, schauten nur 40 Prozent näher hin. Dies deutet darauf hin, dass die Kunden eine große Auswahl attraktiv finden. Sie schauten sich im Durchschnitt ein oder zwei Konfitürensorten genauer an. Allerdings bedeutete die höhere Attraktivität der großen Auswahl nicht, dass die Kunden auch mehr kauften. Ganz im Gegenteil: War die Auswahl groß, kauften lediglich drei Prozent derjenigen, die hinschauten, auch ein Glas Konfitüre; waren hingegen nur sechs Sorten vorhanden, dann erhöhte sich die Zahl der Käufer immerhin auf 30 Prozent aus der Gruppe jener, die vor dem Regal stehen blieben. Beziehen wir alle Kunden mit ein, die am Regal vorbeigingen, dann griffen keine zwei Prozent der Kunden bei der großen, aber immerhin etwa zwölf Prozent bei der kleinen Auswahl zu.

Insgesamt lohnt es sich also, eine kleine Auswahl zu haben. Eine frühere Studie zeigte, dass es sich für ein Geschäft nicht lohnt, zwei gleichwertige CD-Spieler zur Auswahl zu stellen. Studenten konnten in einer hypothetischen Kaufentscheidung zwischen einem modernen Sony-Gerät für 149 Dollar und einem topmodernen Aiwa-Spieler für 169 Dollar entscheiden; beide Geräte lagen unter dem Listenpreis. 27 Prozent gaben an, den Sony-Spieler zu kaufen, weitere 27 Prozent sagten, sie kauften den Aiwa-Spieler. 46 Prozent gaben an, sie wollten warten. Wurde der Sony-Spieler für 149 Dollar alleine angeboten, sagten nur 34 Prozent, sie würden warten, 66 Prozent hingegen hätten das Gerät gekauft. Es scheint also besser zu sein, nur ein Gerät anzubieten statt zwei.

Anders sieht die Situation aus, wenn sich die Waren in Preis und Qualität voneinander abheben. Wurde nämlich neben dem Sony-Spieler für 149 Dollar – weit unter dem Listenpreis – ein veralteter Aiwa-Spieler für 269 Dollar – zum Listenpreis – angeboten, dann kauften 73 Prozent den Sony-Spieler, drei Prozent das Aiwa-Gerät; nur 24 Prozent der Studenten gaben an, abwarten zu wollen. Die Kunden können sich dann nicht entscheiden und warten am ehesten ab, wenn sie statt nur eines Geräts zwei gleichwertige Optionen zur Auswahl haben. Steht hingegen einer guten lediglich eine viel schlechtere Option gegenüber, so steigt der Umsatz für das gute Produkt. Das amerikanische Versandhaus Williams-Sonoma nutzte dies, um den Umsatz einer Brotbackmaschine zu steigern, die 275 Dollar kostete. Nachdem der Umsatz über Jahre eher flau war, bot sie daneben eine Brotbackmaschine für 429 Dollar an, die im Vergleich schlechter war, weil sie kein Vollkornbrot backen konnte. Dass diese teure Maschine kaum verkauft wurde, überrascht wenig; erstaunlich ist jedoch, dass sich der Umsatz der 275 Dollar teuren Maschine beinahe verdoppelte.[47]

Launische Aktien

Der Wert einer Aktie sollte sich daran bemessen, wie hoch der Wert einer Firma ist und welche Gewinnaussichten sie hat. Rationale Gründe sollten den Ausschlag geben für den Kauf und Verkauf von Aktien, nicht Stimmungen und Gefühle. Nun haben aber zwei Studien gezeigt, dass es mitunter kuriose Ursachen für Kursschwankungen gibt.

In einer ersten Studie fragte sich der amerikanische Ökonom Edward Saunders, ob die Stimmung der Anleger einen

Einfluss auf den Aktienhandel habe. Er ging von der uns allen bekannten und von der Forschung belegten Wirkung des Wetters auf die Stimmung aus: Scheint die Sonne, dann geht es uns gut; ist es bewölkt, wird es auch in der Seele trüb. Wenn Anleger in guter Stimmung mehr Aktien handeln als Anleger in schlechter Stimmung, dann müsste an sonnigen Tagen der Aktienhandel besser laufen als an trüben Tagen. Saunders schaute sich für die Jahre 1927 bis 1989 das Wetter in New York und den Dow-Jones-Index an, der angibt, wie gut der Aktienhandel läuft. Tatsächlich bedeuteten Wolken am Himmel von New York einen sinkenden Aktienindex. Dafür gibt es keinen vernünftigen Grund: Wenn es in New York regnet, hat dies keinerlei Bedeutung für eine Firma, die Rindfleisch aus Texas verarbeitet, oder für einen Autohersteller in Detroit.

Eine neuere Studie baut auf dem Befund auf, dass wir Dinge mögen, deren Wahrnehmung uns leichtfällt. Wenn dies sich so verhält: Kaufen Anleger Aktien von Unternehmen, deren Name sich leicht aussprechen lässt? Ein Experiment mit Studenten zeigte, dass diese tatsächlich eher Aktien von Unternehmen mit leicht zugänglichen Namen kaufen würden als solche von Firmen, deren Name Zungenbrechern ähnelt. Lässt sich dieses Ergebnis auch auf die Praxis übertragen? Die Forscher wählten Aktien von Firmen, die neu an der New Yorker Börse gehandelt wurden, und maßen deren Kursanstieg. Zudem maßen sie, wie leicht sich der Name einer bestimmten Firma aussprechen lässt. Wer 1000 Dollar in Aktien von neuen Firmen mit leicht aussprechbarem Namen investierte, hatte bereits nach einem Tag 112 Dollar mehr verdient als jemand, der Aktien von Firmen mit schwer aussprechbarem Namen kaufte!

Diese Untersuchungen zeigen, dass der Aktienhandel nicht ausschließlich nach rationalen Kriterien abläuft. Wetter- und damit Stimmungsschwankungen spielen ebenso eine Rolle wie der Name des betreffenden Unternehmens. Dies sehen wir nicht nur beim Kauf von Aktien: Als 1977 eine japanische Firma in der Schweiz ihr Produkt einführen wollte, lancierte sie eine Werbekampagne mit Walter Roderer, einem in der Schweiz bekannten Komiker, damit fortan jedem Kind der Name der Firma leicht über die Lippen ging: Mitsubishi.[48]

Nachher ist man immer klüger

In den USA hat es immer wieder Prozesse um ärztliche Kunstfehler gegeben, die nach folgendem Muster abliefen: Eine Patientin geht zum Arzt, um eine Untersuchung zur Aufdeckung von Brustkrebs durchzuführen. Das Röntgenbild ergibt, dass kein Brustkrebs vorliegt. Einige Monate später erkrankt die Frau an Brustkrebs und verklagt den Arzt, der sie untersucht hat, auf Schadenersatz. Das Gericht beruft einen Gutachter – einen anderen Arzt –, der aussagen soll, ob der Arzt auf dem Röntgenbild diesen Brustkrebs bereits hätte erkennen können. Der Gutachter schaut sich das Röntgenbild an und ruft aus: «Ja klar, hier sieht man ganz klar die Geschwulst.»

Dass man im Nachhinein schlauer sein kann, ist uns allen wohlbekannt. Ist es aber möglich, dass ein Arzt einen Knoten nur dann sieht, wenn er weiß, dass es sich um Brustkrebs handelt, aber nicht dann, wenn er dies nicht weiß? Schließlich sehen beide Ärzte das gleiche Röntgenbild. Sehen wir uns folgende Untersuchung an:

Versuchspersonen wurden Gesichter berühmter Personen gezeigt. Die Bilder waren zuerst verschwommen und wurden mit der Zeit immer schärfer. Zum Beispiel war die Popsängerin Madonna zu sehen. Die jeweilige Versuchsperson musste eine Taste drücken, sobald sie erkannte, wer abgebildet war. Danach wurde ihr gesagt, sie werde dieselben Bilder nochmals sehen und könne nun deren Schärfe selbst einstellen.

Ihre Aufgabe sei es, die gleiche Schärfe zu erzielen, die das Bild in dem Augenblick hatte, als Madonna zu erkennen gewesen war. Das Resultat war klar: Die Bilder waren nach Einstellung durch die Versuchspersonen in der Regel verschwommener als beim Erkennen im ersten Durchgang. Die Versuchspersonen überschätzten ihre Fähigkeit, aus dem verschwommenen Bild Madonna zu erkennen, wenn sie bereits wussten, wer abgebildet war.

Natürlich ist dies nicht genau die gleiche Situation wie beim Krebsgutachter. Die Untersuchung zeigt aber, dass wir beim wiederholten Anschauen des genau gleichen Bildes in der Rückschau unsere Fähigkeit überschätzen, das Bild richtig zu interpretieren, wenn wir noch gar nicht wissen, worum es sich handelt.

Man nennt dies in der Fachsprache Rückschaufehler: In der Rückschau glauben wir, besser zu sein, als wir tatsächlich sind. Oft bleibt der Rückschaufehler selbst dann bestehen, wenn Personen davor gewarnt werden. Beispiele dafür gibt es zuhauf: Hat denn nicht jeder nach dem Misserfolg der USA im Irak genau gewusst, dass die von der amerikanischen Regierung eingeschlagene Strategie falsch war? Wenn die Ehe einer Kollegin scheitert oder das Kind eines Kollegen drogenabhängig wird: Hat man nicht schon immer gewusst, dass es so kommen musste? Genau dann, wenn man glaubt, es immer schon gewusst zu haben, ist Vorsicht angebracht: Der Rückschaufehler kann uns alle erwischen![49]

Die Macht des Bildes und die Ohnmacht der Statistik

Sie überlegen sich, ein Auto anzuschaffen, etwa einen Volvo. Sie kaufen sich eine Verbraucherzeitschrift, die eine Statistik der Reparaturanfälligkeit verschiedener Automarken enthält. Volvo schneidet recht gut ab, besser als das Auto der Konkurrenz, das Sie ebenfalls in Betracht ziehen. Abends haben Sie einen Freund zum Essen eingeladen. Sie wissen, er fährt seit einiger Zeit einen Volvo, und fragen ihn nach seinen Erfahrungen. Er flucht: Da habe er sich einen Volvo gekauft, weil der einen guten Ruf habe; er habe aber nichts als Ärger, ständig Reparaturen, so einen Wagen würde er sich nie mehr kaufen.

Kaufen Sie nun einen Volvo oder doch lieber das Konkurrenzprodukt, das im Test schlechter abgeschnitten hat? Wenn Sie so handeln wie der Durchschnittskonsument, dann lassen Sie sich von der lebhaften Schilderung des Freundes beeinflussen und kaufen das Konkurrenzprodukt, obwohl die Statistik aussagekräftiger ist als die Aussage eines einzigen Volvofahrers. Das Bild des am Straßenrand stehenden Kollegen mit dem defekten Volvo, das Sie sich vorstellen, wirkt überzeugender als die Statistik.

Verschiedene Studien konnten zeigen, dass lebhafte Schilderungen mehr Einfluss haben als blasse Statistiken. In den USA gab es immer wieder Debatten um Sozialleistungen. Man glaubte, dass Sozialleistungen – werden sie einmal bezogen – auf Jahre hinaus bezahlt werden müssen, weil die Bezieher nicht aus ihrem Elend herausfinden. In Wirklichkeit aber belief sich die durchschnittliche Bezugszeit von Sozialleistungen auf lediglich etwa zwei Jahre. In einer Untersuchung wurde einer Gruppe von Studenten die entsprechende Statistik gezeigt und gefragt, welche ihre Haltung zu Sozialhilfeempfängern sei. Obwohl die Statistik überraschte, beeinflusste sie die Haltung der Studenten kaum; sie schätzten Sozialhilfeempfänger ähnlich ein wie eine Kontrollgruppe, die keine Information erhielt. Einer anderen Studentengruppe wurde ein negativer Einzelfall präsentiert – eine übergewichtige Sozialhilfeempfängerin aus Puerto Rico, geschieden, mit drei Kindern, die die Schule besuchten, wie es ihnen passte. Wenn die Sozialhilfe kam, spielte sie Lotto, nur um den Rest des Monats Büchsenbohnen zu essen und Geld zu borgen. Die Wohnung war schmutzig, die Schaben liefen bei Tageslicht in der Küche herum. Man kann sich die Situation vorstellen. Die betreffende Studentengruppe ließ sich von der anschaulichen Schilderung überzeugen und beurteilte Sozialhilfeempfänger negativer als die Kontrollgruppe ohne die entsprechende Information. Interessanterweise beurteilten Studenten Sozialhilfeempfänger gleichermaßen negativ, wenn sie zusätzlich zur Schilderung die oben erwähnte Statistik erhielten, die ihnen zeigte, dass die Frau aus Puerto Rico kein typischer Fall ist.

Ähnlich verhält es sich mit Kampagnen gegen das Rauchen. Jahrzehntelang warnten Gesundheitsbehörden vor den schädlichen Wirkungen des Rauchens, ohne sichtlichen Erfolg. Die einzige Ausnahme waren die Ärzte, aber auch nicht alle: Je mehr ein Arzt mit der Diagnose und Behandlung von Lungenkrebs zu tun hatte, desto geringer war die Wahrscheinlichkeit, dass er rauchte. Jeder Arzt kannte die Statistiken; aber nur diejenigen, die täglich vom Teer geschwärzte Lungen vor Augen hatten, ließen das Rauchen tatsächlich sein.[50]

Der Hang zum Bestehenden

In den meisten Ländern gibt es zu wenige Organspender. Personen, die eine neue Niere brauchen, müssen oft jahrelang darauf warten. Lässt sich der Anteil der Personen, die nach ihrem Tod eine Niere spenden, erhöhen? In einigen Ländern, wie zum Beispiel Deutschland, muss man ausdrücklich angeben, dass man bereit ist, ein Organ zu spenden. Dies verlangt, dass man aktiv seine Zustimmung geben muss; wem das Nierenspenden egal ist, der macht nichts. So ist es nicht verwunderlich, dass nur etwa zwölf Prozent als Organspender registriert sind und Patienten im Jahre 2005 sechs bis acht Jahre auf eine Spenderniere warten mussten. In anderen Ländern, zum Beispiel in Österreich, ist man automatisch Organspender, es sei denn, man wünscht ausdrücklich das Gegenteil. Hier sind 99,98 Prozent der Personen als Organspender registriert. Die Leute lassen sich vom Status quo beeinflussen, indem sie die Dinge so belassen, wie sie sind: Ist man in einem Land nicht Organspender, kann dies aber durch ausdrückliche Zustimmung werden, so stehen weniger Nieren, Herzen und Lebern zur Verfügung als in einem Land, in dem man Organspender ist, dies aber ausdrücklich verweigern kann. In diesem Fall kann die richtige Art, Optionen zu präsentieren, Leben retten.

Nicht nur beim Organspenden lässt sich die Wirkung des Status quo beobachten: Es gehört zu den allzu menschlichen Eigenschaften, Änderungen zu vermeiden. Zwei benachbarte US-Staaten, New Jersey und Pennsylvania, hatten vergleichbare gesetzliche Grundlagen für Autoversicherungen, bei dem auch das Recht der Automobilisten geregelt war, nach einem Unfall vor Gericht zu klagen. Man konnte eine teurere Option wählen mit vollem Klagerecht oder eine billigere, die das Klagerecht einschränkte. Der einzige Unterschied zwischen den zwei Staaten bestand darin, dass Versicherungsnehmer in Pennsylvania ankreuzen mussten, wenn sie die teure Option wollten; sonst galt die billige Option. In New Jersey hingegen mussten sie ankreuzen, wenn sie die teure Option *nicht* wollten. Es zeigte sich, dass in Pennsylvania nur 20 Prozent die teure Option wählten, in New Jersey hingegen 75 Prozent. Die Versicherungsnehmer wählten also diejenige Option, die vorgegeben war, und nahmen keine Änderung vor.

Ähnlich kann unser Hang zum Status quo von cleveren Verkäufern ausgenutzt werden: Will eine Versicherung, dass in der Hausratversicherung die relativ teure Versicherung gegen Glasbruch inbegriffen ist, dann wird sie das Antragsformular so designen, dass wir ein Kreuz machen müssen, wenn wir *keine* Glasversicherung wollen. Müssten wir ein Kreuz machen, um diese teure Versicherung für relativ kleine Schäden zusätzlich abzuschließen, würden sich wohl weniger Versicherungsnehmer für eine Glasbruchversicherung entscheiden.[51]

Besser schnell falsch als zögerlich richtig

Im Bundestagswahlkampf des Jahres 2005 zeigte die SPD eine Werbesendung, in der sich Angela Merkel unter der Überschrift «Kandidat» beim Reden verhedderte; dazu wurde die Frage gestellt: «Kan di dat?» Dann kam «der Kanzler»: Gerhard Schröder zeigte sich von der besten Seite und redete selbstbewusst und schnörkellos. Die Pointe: «Der kanz!» Die Werbestrategen der SPD machten sich dabei eine Fehlleistung unseres Denkens zunutze, die in den letzten Jahrzehnten in verschiedenen Situationen erforscht wurde und von großer praktischer Bedeutung ist. Wir glauben nämlich, dass diejenigen intelligent sind, die sich schnell und sicher ausdrücken können, während langsame und unsichere Ausdrucksweise als Zeichen intellektueller Schwäche gedeutet wird. Ich habe einmal einen hochintelligenten Mann kennen gelernt, der an einer Krankheit litt, die seine Zunge vergrößerte, so dass er schwerfällig redete. Sein großes Problem war, dass die Leute sofort auf «geistig behindert» schalteten, wenn er zu sprechen begann, und entsprechend mit ihm redeten. Meines Wissens wurde der Zusammenhang zwischen schnellem Reden und tatsächlicher Intelligenz nicht erforscht, es lassen sich aber leicht Beispiele für intelligente Personen finden, die keine guten Redner waren: der Prophet Moses, für den oft Aaron redete; der Philosoph Georg Wilhelm Friedrich Hegel oder der Atomphysiker Niels Bohr, die beide sehr schlechte Redner gewesen sein sollen, wie wohl so mancher an sich intelligente Professor, der gähnende Lehre bietet.

Vermutlich glauben wir, dass jemand, der komplexe Zusammenhänge schnell herunterrattern kann, blitzgescheit sein müsse, weil wir selbst dazu nicht in der Lage sind. In den USA hat dies dazu geführt, dass Geschäftsleute, Professoren und Anwälte sich schnelles, selbstsicheres Reden antrainieren.

Bei den Anwälten hat schnelles und selbstsicheres Reden einen zusätzlichen Hintergrund: Man hat herausgefunden, dass Geschworene und Richter einer Aussage eher Glauben schenken, wenn diese selbstsicher vorgetragen wird. Dazu hat man Aussagen von Zeugen aufgenommen und sie Versuchsteilnehmern entweder so vorgespielt, wie sie gemacht wurden, oder ohne all die «äh» und «hm», die als Zeichen von Unsicherheit verstanden werden. Es zeigte sich, dass die Aussagen ohne Zwischenlaute als zuverlässiger und wahrer erachtet wurden als die tatsächlich gemachten Aussagen. Allerdings hat man auch herausgefunden, dass der Zusammenhang zwischen der Selbstsicherheit einer Aussage und ihrer Wahrheit sehr bescheiden ist; im Grunde lässt sich aus der Selbstsicherheit, mit der eine Aussage vorgetragen wird, nicht darauf schließen, ob sie wahr oder falsch ist.

Als ich in den neunziger Jahren in den USA war, erzählte mir ein Kollege, dass die Anwälte Erkenntnisse der wissenschaftlichen Psychologie nutzen, um Geschworene und Richter zu überzeugen. Sie schärfen ihren Mandanten ein, eine Frage sofort und selbstsicher zu beantworten, weil jedes Zögern als Zeichen der Unsicherheit und damit der Unwahrheit gedeutet werden kann. Um einen Prozess zu gewinnen, kann es von Vorteil sein, schnell das Falsche statt zögerlich das Richtige zu sagen.[52]

Religion und Moral

Religion und Gesundheit

In den USA ist man seit einiger Zeit an der Frage interessiert, ob Religiosität die Gesundheit fördert. Mittlerweile wurden Hunderte von Studien durchgeführt, die insgesamt auf einen schwach positiven Effekt auf die Gesundheit hinweisen. Allerdings ist das letzte Wort darüber noch nicht gesprochen, da viele der Studien methodische Mängel aufweisen.

Natürlich ist es spannend, den Einfluss von Religion auf die Gesundheit zu erforschen. Mehr denn je möchten Mediziner und Psychologen nicht nur wissen, was krank macht, sondern auch, was gesund erhält. Gerade beim Zusammenhang von Religion und Gesundheit gibt es einiges zu bedenken: Wäre hieb- und stichfest bewiesen, dass Religion positiv auf die Gesundheit wirkte, so lauerte dahinter unausgesprochen die Verlockung: Es lohnt sich, religiös zu sein. Ich werde aber im Folgenden zeigen, dass ein solcher Befund nicht als Empfehlung dahingehend verstanden werden darf zu beten, um gesund zu bleiben.

Schon 1678 zeigte der französische Philosoph Blaise Pascal auf, was passiert, wenn der Glaube an Gott Kosten-Nutzen-Erwägungen entspringt: Entweder es gibt Gott, oder es gibt ihn nicht. Zudem können wir an Gott glauben oder nicht an ihn glauben. Existiert Gott und wir glauben an ihn, dann kommen wir in den Himmel, was unendliches Heil bringt. Existiert Gott und wir glauben nicht an ihn, dann kommen wir in die Hölle, was unendliche Verdammnis bedeutet. Existiert Gott nicht und wir glauben an ihn, dann haben wir einen verschmerzbaren Aufwand, um ihm zu dienen, aber keinerlei Ertrag. Existiert Gott nicht und wir glauben auch nicht an ihn, dann haben wir weder Kosten noch Nutzen. Insgesamt ist das Heil so groß, wenn wir an ihn glauben, und die Verdammnis so elend, wenn wir nicht an ihn glauben, dass es sich selbst dann lohnen würde, an Gott zu glauben, wenn die Wahrscheinlichkeit klein wäre, dass er existiert. Der Aufwand, um Gott zu dienen, wäre winzig im Vergleich zum Nutzen, den der Glaube bringt.

Ist dies die richtige Grundlage, um an Gott zu glauben? Ganz nach der Volksweisheit: Nützt es nichts, so schadet es doch nicht? Ich denke nein, weil der Glaube nicht Kosten-Nutzen-Erwägungen entspringen sollte wie zum Beispiel der Kauf einer Espressomaschine. Blaise Pascal fragt hier gar nicht, ob es Gott wirklich gibt oder nicht, sondern nur, ob es sich lohnt, an ihn zu glauben.

Echte Religiosität hat nichts damit zu tun, ob sie sich lohnt, weil man in den Himmel kommt oder weil man gesund bleibt. Sie orientiert sich an den grundlegenden Fragen des Menschen und den Antworten, die der Glaube darauf gibt.[53]

Der (un)barmherzige Samariter

Im Jahr 1964 starb Kitty Genovese, nachdem ihr Mörder sie 45 Minuten lang gequält hatte. Das Besondere an diesem Verbrechen war, dass es mitten in einem Wohngebiet in New York geschah und 38 Menschen Zeugen des Mordes wurden, ohne dass jemand die Polizei rief. Psychologische Forschung hat aufzeigen können, dass Kitty Genovese nicht gestorben ist, *obwohl* viele Menschen Zeugen des Verbrechens wurden, sondern *weil* so viele Menschen das Verbrechen mit angesehen hatten und wussten, dass auch andere die Qual der jungen Frau mitbekamen. Die einzelnen Bewohner fühlten sich nicht verantwortlich, die Polizei zu rufen, weil andere dies genauso gut hätten tun können. Warum also gerade ich? Viele Faktoren spielen eine Rolle, ob eine Person in einem Notfall hilft oder nicht: Wird der Notfall überhaupt als Notfall erkannt? Wenn andere den Notfall auch nicht als solchen erkennen: Dürfen wir dann nicht annehmen, dass alles nur halb so schlimm ist? Weiterhin spielen Fachwissen und die Ursache des Notfalls eine Rolle: Ein Mechaniker denkt sich, dass eine Ärztin oder eine Krankenschwester bestimmt besser helfen könnte. Wenn ein Betrunkener auf dem Gehsteig liegt, ist es etwas anderes, als wenn es sich um eine gut gekleidete Geschäftsfrau handelt.

Die amerikanischen Psychologen John Darley and Daniel Batson wollten wissen, ob Theologiestudenten, die gerade die Geschichte des barmherzigen Samariters gelesen haben, unter Zeitdruck Hilfe leisten. Theologiestudenten wurde gesagt, dass sie in einem anderen Gebäude einer Gruppe von Interessierten die Geschichte des barmherzigen Samariters erklären müssten. Nach dieser Instruktion mussten sie sich auf den Weg machen. Es gab drei Bedingungen: Die eine Gruppe hatte reichlich Zeit, um zum anderen Gebäude zu kommen; eine zweite Gruppe hatte ausreichend Zeit, um dorthin zu gelangen; der letzten Gruppe wurde gesagt, dass die Studenten bereits warteten und dass sie sich beeilen sollen. Unterwegs lag ein schäbig gekleideter Mann am Wegrand; die Szene war so weit wie möglich der biblischen Geschichte des barmherzigen Samariters nachempfunden. In der Tat zeigte sich, dass die Mehrheit jener, die reichlich Zeit hatten, halfen, während diejenigen, die unter großem Zeitdruck standen, nur selten dem am Boden liegenden Mann zu Hilfe kamen.

Es nützt also nichts, über das Gute nur zu lesen. Unter Zeitdruck vergessen selbst gutwillige Theologiestudenten alle guten Vorsätze und eilen in den Vorlesungssaal, um anderen das Beispiel vom guten Samariter nahezubringen. Ein Hoffnungsschimmer ist, dass wir dann mit größerer Wahrscheinlichkeit helfen, wenn wir um die Ergebnisse dieser und ähnlicher Studien wissen.[54]

Ich hab gedacht, du kommst von selbst drauf ...

Wir erzählen Kindern Geschichten von guten und von bösen Menschen, um ihnen einen Begriff davon zu geben, was man tun und was man lassen sollte. Wenn zum Beispiel der große Bruder und die kleine Schwester neidisch aufeinander sind und eifersüchtig darüber wachen, dass die oder der andere ja nicht mehr bekommt als man selbst, dann kann man folgende Geschichte erzählen:

Es waren einmal zwei Händler, deren Geschäfte in der gleichen Straße einander gegenüberlagen. Jeder der beiden Händler wollte besser als der jeweils andere sein und wachte eifersüchtig darüber, dass der andere nicht besser wurde als er selbst. Sie beobachteten einander, und sah der eine, dass jener auf der anderen Straßenseite ein neues, modernes Produkt in der Auslage hatte, so bestellte er sofort ein noch moderneres Produkt. Betrat ein neuer Kunde den eigenen Laden, so sah der Händler mit verstohlenem Lächeln zum anderen hinüber. So ging dies einige Jahre, bis eine gute Fee zu dem einen Händler kam und sagte, er habe einen Wunsch offen; er könne sich alles wünschen, Reichtum für sich selbst, Erfolg im Geschäft oder Glück für seine Kinder. Was immer er sich wünsche, er werde es erhalten, allerdings erhalte der Händler auf der anderen Straßenseite das Doppelte.

Die Geschichte endet so, dass der gefragte Händler kurz überlegte und sich dann wünschte, dass er auf einem Auge blind werde. Diese Geschichte steigert die Missgunst derart ins Absurde, dass sie lächerlich wird: sich selbst einen Schaden zu wünschen, der sich gerade noch ertragen lässt, um den anderen mit Blindheit zu schlagen.

Bemerken nun die Kinder die Ähnlichkeit ihrer eigenen

Missgunst mit derjenigen in der Geschichte? Oder – Hand aufs Herz – bemerken wir Erwachsene spontan die Ähnlichkeit der Geschichte mit unseren eigenen dunklen Wünschen, selbst Schaden zu erdulden, wenn wir einem ungeliebten anderen noch mehr Schaden zufügen können? Die psychologische Forschung stimmt pessimistisch.

Versuchspersonen erhielten zuerst eine Problemstellung, deren Lösung ihnen dargeboten wurde, und dann eine zweite, ähnliche Problemstellung. Wurde den Versuchspersonen ausdrücklich gesagt, dass sie die Lösung der ersten zur Lösung der zweiten Aufgabe heranziehen können, dann lösten sie die zweite Aufgabe weit häufiger, als wenn ihnen nichts dergleichen gesagt wurde und sie von selbst darauf kommen mussten, dass die erste und die zweite Aufgabe etwas miteinander zu tun hatten. Auch wenn die Problemstellungen in diesen Studien mehr technischer Natur waren, kann die Hauptbotschaft auf unser Beispiel der beiden Händler übertragen werden: Wir müssen klar sagen, wie man eine Problemstellung auf eine andere übertragen kann.

Allzu oft denken wir, dass die Kinder schon merken, worauf wir mit der Geschichte der beiden Händler hinauswollen. Dies ist ein Fehler, den wir begehen, weil wir wissen, warum *wir* die Geschichte erzählen und automatisch, aber zu Unrecht annehmen, dass andere dies auch erschließen können. Wenn wir wollen, dass diese Geschichte etwas bewirkt, dann dürfen wir sie nicht einfach erzählen und annehmen, dass die Kinder von selbst draufkommen, dass ihre Missgunst der gleichen Logik folgt wie die Geschichte der beiden Händler. Nachdem die Kinder (oder wir Erwachsenen) selbst gemerkt haben, wie absurd die Missgunst der beiden Händler ist, müssen wir den Zusammenhang zwischen Geschichte und Wirklichkeit klar herstellen, wenn die Gemeinten etwas daraus lernen sollen.[55]

Schräg hinter mir isst einer im Bus einen Hamburger und trinkt Cola; die Abfälle lässt er auf dem Sitz liegen. Ich habe nichts gesagt, obwohl mich der Abfall aufgeregt hat; noch mehr hat mich später aufgeregt, dass ich nichts gesagt habe. Denn diejenigen, die sich melden, setzen sich einem gewissen Risiko aus. Im besten Fall nehmen die Abfallerzeuger ihre Überreste lautlos wieder an sich; aber sie können einem auch eine gehässige Antwort entgegenschleudern. Man fühlt sich – vielleicht zu Unrecht – vor den anderen Passagieren bloßgestellt; schließlich gäbe es andere, die sich auch melden könnten. Wer sich wehrt, ist selbstlos, weil er für den Gewinn der Allgemeinheit einen Verlust in Kauf nimmt. Jeder im Bus steht vor dem Dilemma: Soll ich mich melden und einen Gesichtsverlust hinnehmen, damit die Allgemeinheit einen Gewinn hat?

Mit solchen Zwickmühlen befassen sich unter anderen die Schweizer Verhaltensökonomen Ernst Fehr und Simon Gächter. In ihrem Experiment ging es um Geld; es stellt aber die Situation im Bus insofern nach, als Personen sich wehren konnten, obwohl es ihnen schadete. Die Frage war, ob ein selbstloser Einsatz zum Nutzen der Allgemeinheit andere Personen davon abhielt, egoistisch zu handeln und so der Allgemeinheit zu schaden. Gruppen von Versuchsteilnehmern spielten darum, Geld verdienen zu können. Dazu konnte eine Person entweder Geld in ein Gruppenprojekt investieren oder für sich selbst behalten. Pro investiertem Franken wurden 1,60 Franken zurückgegeben und auf jedes Gruppenmitglied gleichmäßig verteilt. Investierten alle, dann bekamen alle auch mehr zurück. Entschloss sich aber einer, sein Geld für sich zu behalten, dann profitierte er, wenn die anderen investierten, er aber trotzdem mitkassieren konnte. In einigen Durchgängen konnte ein Gruppenmitglied ein anderes für sein Verhalten belangen. Es kostete einen Franken, um einem anderen eine Strafe von drei Franken aufzubürden. Dies stellte die Bussituation insofern nach, als es für den Abfallsünder die größere Bloßstellung sein dürfte, wenn andere ihn auf sein Handeln aufmerksam machen, als es für uns ein Gesichtsverlust bedeutet, wenn wir eine gehässige Antwort bekommen.

Im Experiment von Fehr und Gächter zeigte sich, dass die Personen sich wehrten. Noch wichtiger war der Befund, dass in jenen Durchgängen, in denen bestraft werden konnte, mehr Geld in das Gruppenprojekt investiert wurde als in den Durchgängen, in denen es nicht möglich war, den anderen zu belangen. Wenn also die Gruppenmitglieder sich wehrten, dann wurde weniger egoistisches Verhalten beobachtet. Auf unser Busbeispiel übertragen, hieße dies, dass tatsächlich weniger Abfall liegen gelassen würde, wenn andere den Mut hätten, etwas zu sagen.

Eine Gesellschaft funktioniert nur dann, wenn Einzelne die Zivilcourage haben, für sich selbst einen Verlust in Kauf zu nehmen, um jene in ihre Schranken zu weisen, die Normen und Regeln der Gesellschaft verletzen. Letzthin habe ich den Mut aufgebracht, einen Jugendlichen, der in der gleichen Sitzreihe saß, zu fragen, ob er seine Fastfood-Abfälle bitte mitnehmen wolle. Er hat mich mit großen Augen angeschaut, seinen Abfall dann ohne weiteres genommen und ist ausgestiegen. Hoffen wir, er und ich haben etwas gelernt.[56]

Saubere Hände – reines Gewissen?

Wir alle haben von Pilatus gehört, der sich die Hände in Unschuld wusch, als er Jesus dem Volk überließ und sich so mitverantwortlich an seiner Kreuzigung machte (Mt 27,24). Waschrituale zur moralischen Läuterung sind in vielen Religionen verbreitet; auch die christliche Taufe wurde unter anderem damit gerechtfertigt: «...lass dich taufen und deine Sünden abwaschen» (Apg 22,16).

Für uns moderne Menschen ist das Reinwaschen von Sünden eine überkommene Vorstellung. Ist sie dies wirklich? Zwei Forscher aus Kanada und den USA haben Laborexperimente durchgeführt, die zeigen, dass auch beim modernen Menschen ein klarer Zusammenhang zwischen moralischer Schuld und dem Wunsch nach Reinigung des Körpers besteht. Sie baten ihre Versuchspersonen, eine Handlung aus ihrer Vergangenheit aufzuschreiben. Die eine Gruppe sollte eine moralisch gute Handlung aufschreiben, während die zweite Gruppe eine unmoralische Handlung aus der eigenen Vergangenheit abrief. Danach wurde den Versuchspersonen ein kleines Geschenk angeboten; sie konnten wählen zwischen einem kleinen, in Plastik verpackten Erfrischungstüchlein, um sich die Hände zu reinigen, oder einem Bleistift. Das Erfrischungstüchlein wurde von zwei Dritteln derjenigen gewählt, die vorher eine unmoralische Tat notieren sollten, aber von nur einem Drittel derjenigen, die eine moralische Tat erinnerten.

Hat eine Reinigungshandlung Konsequenzen für späteres moralisches Handeln? In einem weiteren Experiment mussten die Versuchspersonen eine unmoralische Handlung aus ihrer Vergangenheit abrufen. Danach konnte sich ein Teil der Versuchspersonen die Hände mit einem Erfrischungstüchlein reinigen, der andere nicht. Am Schluss wurden alle Versuchspersonen gefragt, ob sie unentgeltlich an einer anderen Studie teilnehmen würden, um einem Doktoranden aus der Patsche zu helfen. Von denjenigen, die sich die Hände reinigen konnten, halfen 41 Prozent dem Doktoranden, während von denjenigen, die keine Gelegenheit dazu erhielten, 74 Prozent halfen. Wer seine Hände in Unschuld waschen kann, hilft nachher weniger.

Natürlich kann nicht allgemein davon ausgegangen werden, dass tägliches Waschen zu weniger Helfen führt; dies gilt vorerst nur für Waschen als rituelle Reinigungshandlung nach unmoralischem Verhalten. Eine nächste Frage wird deshalb sein, ob die tägliche körperliche Hygiene einen Zusammenhang mit moralischen Handlungen hat: Helfen diejenigen, die sich häufig waschen, mehr, weil körperliche Sauberkeit moralische Reinheit erleichtert? Oder verleitet gute körperliche Hygiene dazu, weniger zu helfen, weil man sich nicht nur körperlich, sondern auch moralisch sauber fühlt? Wir dürfen auf die Antwort gespannt sein.[57]

Der Weltuntergang, der nie stattfand

Wir alle haben schon erleben müssen, dass wir mit einer Vorhersage furchtbar falsch lagen. Beispiel dafür ist ein Vater, der glaubt, es werde schönes Wetter bleiben, und seine Familie von einer Wanderung überzeugt, die im strömenden Regen endet. Oder ein Börsenguru, der seinen Kunden während einer Hausse sagt, dass es diesmal bestimmt keinen Crash gebe.

Vollkommen daneben lagen – bisher wenigstens – alle diejenigen, die auf ein bestimmtes Datum hin den Weltuntergang ankündigten. Als eine Sekte in Chicago prophezeite, dass die Welt untergehen und nur diejenigen rechten Glaubens – also die Mitglieder der Sekte – um Mitternacht des besagten Tages von Außerirdischen in einer fliegenden Untertasse gerettet würden, entschloss sich eine Gruppe von Psychologen, in die Sekte einzutreten. Nicht weil sie an die Prophezeiung glaubten, sondern weil sie sich fragten, was wohl passieren würde, wenn das Ereignis nicht einträte. Würde die Sekte sang- und klanglos eingehen?

Es kam, was kommen musste: In der besagten Nacht warteten die Mitglieder der Sekte gespannt in einem Haus und beteten. Gegen Mitternacht stieg die Spannung ins Unermessliche. Niemand kam. Gegen Tagesanbruch wurde auch dem Letzten klar, dass die Welt nicht untergegangen und das Raumschiff der Außerirdischen nicht gelandet war. Unrast machte sich breit, drohte die Sekte in ihren Grundfesten zu erschüttern. Da hob die Sektenführerin plötzlich die Hand und erklärte, sie habe von den Außerirdischen folgende Botschaft erhalten: «Unsere kleine Gruppe, die die ganze Nacht alleine hier gesessen hat, hat so viel Licht ausgesendet, dass die Welt vom Untergang verschont wurde.» Die Mitglieder wurden aufmerksam, und tatsächlich: Die Sekte war gerettet, und ihre Mitglieder missionierten eifrig. Aus einem schmählichen Versagen wurde plötzlich ein Erfolg, den man sich selbst zuschreiben konnte.

Wie konnte das geschehen? Leon Festinger und seine Mitarbeiter haben später mehrere experimentelle Studien durchgeführt, um die Logik dieser plötzlichen Wandlung zu verstehen. In einem Experiment mussten junge Studentinnen eine Geschichte vorlesen, um Mitglied einer Diskussionsgruppe werden zu können, die spannend zu werden versprach, sich im Nachhinein aber als langweilig herausstellte. Einige Studentinnen mussten eine gewöhnliche Geschichte vorlesen, während andere eine peinliche Geschichte zu Gehör bringen mussten, deren Inhalt sie in Verlegenheit brachte; in den fünfziger Jahren waren es sexuelle Inhalte, die solche Verlegenheit auslösten. Nach einiger Zeit wurden die Studentinnen gefragt, wie sehr sie es schätzten, Mitglied der Diskussionsgruppe zu sein. Jene, die eine peinliche Geschichte hatten vorlesen müssen, um in die Gruppe zu gelangen, schätzten es mehr, ihr angehören zu dürfen, als jene, deren Geschichte gewöhnlich gewesen war. Wie lässt sich dies erklären? Das Vorlesen einer peinlichen Geschichte erzeugte in den Studentinnen einen Spannungszustand: Unter normalen Umständen hätten sie dies nie getan. Um den Spannungszustand abzubauen, bedarf die als peinlich empfundene Handlung einer Rechtfertigung; dies ist dann der Fall, wenn die Gruppe interessant ist und man es schätzt, ihr anzugehören. Der Spannungszustand wird hier nicht abgebaut, weil die Gruppe interessant wäre, sondern die Gruppe wird interessant, weil dies hilft, die Spannung zu beheben.

Genauso verhält es sich bei den Sektenmitgliedern: Diese haben viel Geld und Zeit in ihre religiösen Unternehmungen gesteckt. Dass die Welt nicht unterging, erzeugte einen Spannungszustand, der fast nicht auszuhalten war. Es bedurfte dringend einer Rechtfertigung des eigenen Handelns. Die war auch vorhanden, als die Sektenführerin sagte, dass das Beten der Mitglieder die Welt errettet habe: Die Spannung war behoben, alle konnten aufatmen und fühlten ihren Eifer gerechtfertigt.

Ob mir beim nächsten Mal, wenn ich die Familie in den Regen führe, wohl auch eine derart gute Ausrede in den Sinn kommt?[58]

Wenn der Tod blinzelt …

Der Tod ist mächtig: Er kommt mit Sicherheit, macht uns manchmal Angst und beeinflusst unser Denken auf Wegen, die uns meistens nicht bewusst sind. Einige Theorien gehen davon aus, dass der bevorstehende Tod die hauptsächliche Motivation von Religion ist. Psychologen interessieren sich für den Einfluss, den das Bewusstsein unseres Todes auf unser Denken hat. In einer Untersuchung musste eine Gruppe von iranischen Studenten Fragen zu ihrem eigenen Tod beantworten, während andere Versuchsteilnehmer Fragen über Zahnschmerzen vorgelegt bekamen; dieses Thema ist zwar unangenehm, hat aber nichts mit Tod zu tun.

Nachdem die Studenten die jeweiligen Fragen beantwortet hatten, wurden ihnen Äußerungen von zwei angeblichen Studienkollegen vorgelegt, die das Thema der Selbstmordanschläge gegen die USA betrafen. Der eine Studienkollege sprach sich ausdrücklich für solche Selbstmordanschläge aus, während der andere dagegen argumentierte. Die Studenten wurden nun gefragt, inwiefern sie sich vorstellen könnten, die Sache des einen oder des anderen Studienkollegen aktiv zu unterstützen.

Jene Studenten, die eben noch über Zahnschmerzen nachgedacht hatten, konnten sich eher ein Engagement gegen Selbstmordanschläge vorstellen. Jene hingegen, die mit Fragen den eigenen Tod betreffend konfrontiert waren, zeigten sich eher bereit, den Studienkollegen zu unterstützen, der sich für Selbstmordanschläge einsetzte. Auch wenn es ein weiter Weg ist vom Ankreuzen einer Aussage auf einem Fragebogen bis zum tatsächlichen Einsatz für eine Sache: Dieses Ergebnis ist erstaunlich.

Man hat eine ähnliche Untersuchung mit amerikanischen Studenten durchgeführt, nur ging es hier um den Krieg gegen den Terror. Die vorgeschlagenen Maßnahmen beinhalteten unter anderem Angriffe auf Länder wie Nordkorea, Syrien oder Iran, die die USA in Zukunft bedrohen könnten; wenn notwendig, den Einsatz von Atomwaffen oder chemischen Waffen; die Gefangennahme von Terroristenführern, selbst wenn dabei Tausende Zivilisten sterben müssten; die Verschärfung der Gesetze der USA, selbst wenn dadurch die persönliche Freiheit eingeschränkt würde. Liberale Studenten, für die kriegerische Mittel von vorneherein keine Option waren, ließen sich in ihren Ansichten nicht vom Denken an den Tod beeinflussen. Anders die konservativen Studenten: Jene, die an ihren eigenen Tod dachten, unterstützten den Krieg gegen den Terror eher als jene, deren Gedanken starken körperlichen Schmerzen galten.

Insgesamt zeigen die Untersuchungen, dass die Konfrontation mit dem eigenen Tod rechtskonservative Ansichten begünstigt: Man bevorzugt starke, autoritäre Führernaturen, unterstützt den erhöhten Einsatz von Gewalt angesichts äußerer Bedrohungen und hält mehr Distanz zu Fremden.[59]

Sport, Freizeit und Gesundheit

So wird man Weltmeister!

Warum steht Roger Federer an der Spitze der Tennis-Weltrangliste und wurde dreimal hintereinander zum Weltsportler des Jahres gewählt? Was machte Mozart zu einem berühmten Komponisten? Allgemein gefragt: Wie dringt man in einem Fach zur Weltspitze vor? Eine in unserem Kulturkreis oft gehörte Antwort ist, dass Talent eine enorme Rolle spielt; wer kein Talent hat, sollte erst gar nicht anfangen. Natürlich gibt es einige Voraussetzungen, die zum Beispiel die Ausübung eines Sports begünstigen: Wer 1,52 Meter groß ist, sollte sich eher eine Karriere als Jockey denn als Basketballspieler vornehmen. Umgekehrt ist eine 1,95-Meter-Frau im Basketball oder Volleyball besser aufgehoben als im Cockpit eines Akrobatikflugzeugs. Wenn diese physischen Voraussetzungen gegeben sind, dann scheint aber Talent eine untergeordnete Rolle zu spielen. Es ist tatsächlich die Übung, die den Meister macht. Nehmen wir Tennis: Ist Marianne talentiert, aber trainingsfaul, während Sophie untalentiert ist, aber fleißig trainiert, dann wird Sophie Marianne bald überflügeln und weit bessere Leistungen erbringen.

Wer es zur Weltspitze bringen will, muss einen langen Atem haben; aus einem spielerischen Umgang mit der Materie – sei es Fußball, Physik oder Klavier – wird bald regelmäßiges Üben, was nach und nach in ein systematisches Training übergeht und schließlich professionell betrieben wird. Oft konzentrieren sich ein Sportler oder eine Musikerin ausschließlich auf ihr Fach, um an die Spitze zu gelangen. Vom ehemaligen Schachweltmeister Bobby Fischer wird erzählt, dass er auf die Frage, warum er nicht heirate, geantwortet habe, dass ihn dies zu sehr vom Schach ablenken würde (er hat später trotzdem geheiratet). Man hat herausgefunden, dass im Durchschnitt zehn Jahre ausdauerndes, freiwillig (!) betriebenes Training nötig sind, um an die Spitze vorzudringen. Bei Sportlern und Musikern fängt dies sehr früh an, oft mit drei bis sechs Jahren, während Wissenschaftler später beginnen, da beispielsweise eine Spitzenchemikerin sich zuerst die Grundlagen ihres Wissensgebietes aneignen muss, mit der Konsequenz, dass der Weg zur Weltspitze erst mit dem Studium beginnt und dann auch seine zehn langen Jahre dauert.

Interessant ist, dass Personen, die zur Weltspitze gelangen, etwa vier bis sechs Stunden pro Tag üben. Bei manchen Sportarten und Instrumenten wäre ein Mehr an Übung schädlich und könnte zu Verschleißerscheinungen führen. Wichtig ist auch Schonung; deshalb schlafen Personen, die Spitzenleistungen erbringen, oft länger als der Durchschnitt. Wer also zur Weltspitze eines Fachs vordringen will, kann ja schon mal mit mehr Schlafen beginnen.[60]

Lächeln wir, weil wir glücklich sind?

Wir sind beim Bowling und spielen. Wir beobachten unsere Mitspieler und sehen, wie Kathrin jedes Mal lächelt, wenn alle neun Kegel umgefallen sind. Wir nehmen nun automatisch an, dass Kathrin lächelt, weil sie glücklich ist.

Sicher ist sie das. Die Frage ist aber: Lächelt Kathrin immer dann, wenn sie glücklich ist? Wenn sie sich wie die meisten anderen Personen verhält: Nein. Schauen wir uns dazu folgende Studie an: Die Forscher gingen in ein Bowlingcenter und beobachteten die Spieler genau bei jedem Wurf. Wenn Personen lächeln, weil sie glücklich sind, dann würden sie bereits dann lächeln, wenn sie auf die Ergebnistabelle schauen und sehen, dass ihnen ein Superwurf gelungen ist. Es zeigte sich aber, dass bei nicht einmal zehn Prozent der guten Würfe die Spieler beim Blick auf die Ergebnistabelle lächelten, obwohl sie in diesem Moment eigentlich hätten glücklich sein sollen. Erst wenn sich die Personen umdrehten und ihr Gesicht den Mitspielern zuwandten, lächelten sie bei über 40 Prozent der guten Würfe und auch bei über 25 Prozent der schlechten Würfe. Warum lächeln die Spieler erst, wenn sie sich umdrehen?

Gefühle spiegeln sich nicht einfach immer im Gesicht, wenn man sie hat. Sie werden oft deshalb ausgedrückt, um einer anderen Person etwas mitzuteilen. Zum Beispiel kann Kathrin den anderen mit ihrem Lächeln mitteilen, dass sie glücklich über ihren Wurf ist oder dass sie sich auf der Gewinnerstraße befindet.

Dies gilt nicht nur für Freude. Wenn ich mir die Kamera eines Freundes anschaue und diese auf den Boden fallen lasse, dann mache ich ein zerknirschtes Gesicht, das anzeigt, dass ich mich schuldig fühle. Diese Geste soll den Kamerabesitzer besänftigen und ihm signalisieren, dass ich bereit bin, ihm den Schaden zu ersetzen. Für mich alleine im stillen Kämmerlein würde ich nicht so zerknirscht dreinschauen, selbst wenn ich mich schuldig fühle. Der Kamerabesitzer hingegen setzt vorerst mal eine ärgerliche Miene auf, um mir zu signalisieren, dass er hochunzufrieden ist. Erst wenn ich vor Schuld zerknirscht aussehe und bereit bin, ihm den Schaden zu ersetzen, schaut er etwas freundlicher drein. Er würde sich auch über den Schaden ärgern, wenn er alleine wäre, aber keineswegs so sauer in die Welt blicken.

Gefühle werden nicht bloß deshalb ausgedrückt, weil wir sie haben, sondern weil wir anderen diese Gefühle mitteilen wollen.[61]

In einer Studie untersuchten Forscher das Lächeln von Medaillengewinnern bei den Siegerehrungen der Olympischen Sommerspiele 1972 in Barcelona. Aus dem Gesichtsausdruck erschlossen die Forscher die Zufriedenheit der Athleten mit ihrem Ergebnis. Eigentlich sollte man meinen, dass von den Athleten auf dem Podest der Gewinner am glücklichsten sei, der Zweite am zweitglücklichsten und der Dritte am wenigsten glücklich. Der Sieger war tatsächlich der Glücklichste. Der Dritte hingegen zeigte mehr Freude an seiner Leistung als der Zweite. Warum ist dies so?

Eine Erklärung liegt darin, dass der Zweite sich gut vorstellen könnte, dass er besser hätte sein können als der Erste, womit er die Goldmedaille gewonnen hätte. Dies ist vor allem bei einem sehr knappen Sieg der Fall: Wäre ich nur schneller gestartet; hätte ich doch besser durchgeatmet. Der Dritte hingegen müsste zwei Athleten übertroffen haben. Das ist weniger leicht vorstellbar, als nur einen zu übertreffen. Außerdem ist der Dritte nicht weit vom undankbaren vierten Platz entfernt. Er kann sich also leicht vorstellen, dass er hätte schlechter sein können, und er darf sich glücklich schätzen, den Platz auf dem Podest errungen zu haben. In der Tat zeigte eine Analyse der Interviews nach dem Medaillengewinn, dass Zweitplatzierte erklärten, was sie hätten besser machen können, um die ersehnte Goldmedaille zu gewinnen, während Bronzemedaillengewinner froh waren, überhaupt in die Medaillenränge vorgestoßen zu sein.

Das Denken daran, was hätte geschehen können – zu Fachdeutsch kontrafaktisches Denken –, spielt auch in unserem nichtolympischen Alltag eine wesentliche Rolle für unsere Gefühle. Stellen Sie sich vor, zwei Nachbarinnen, Frau Keller und Frau Meier, sind mit dem Bus unterwegs zum Bahnhof; beide haben schon ihre Fahrscheine. Frau Kellers Zug nach Frankfurt geht um 16 Uhr und Frau Meiers

Zug nach Berlin ebenfalls um diese Zeit. Aufgrund einer Baustelle gerät der Bus in einen Stau und erreicht den Bahnhof viel zu spät. Frau Keller erfährt, dass ihr Zug pünktlich gewesen sei, also vor vierzig Minuten abgefahren sei, während man Frau Meier sagt, ihr Zug sei verspätet gewesen, habe jedoch leider vor zwei Minuten den Bahnhof verlassen. Wer wird sich wohl mehr ärgern? Es dürfte wohl Frau Meier sein, die sich nun vorstellt, dass sie den Zug gerade noch hätte erwischen können. Wäre doch der Busfahrer nur über diese verflixte gelbe Ampel gefahren, statt zu bremsen und zu warten, bis es endlich wieder grün wurde!

Schließlich beeinflusst das Denken, was hätte sein können, auch das Gefühl der Reue. Nehmen wir an, beide Frauen hätten in aller Ruhe zwanzig Minuten lang Zeitung gelesen, bevor sie zum Bus gingen. Da Frau Keller vierzig Minuten nach dem Zug auf dem Bahnhof eintraf, dürfte sie die Zeitungslektüre wenig reuen, da sie sich nur schwer vorstellen kann, dass der Verzicht darauf an der Tatsache, den Zug verpasst zu haben, etwas geändert hätte. Ganz anders Frau Meier: Sie kann sich lebhaft vorstellen, dass sie jetzt im Zug nach Berlin sitzen würde, hätte sie nur die Zeitung weggelegt und den früheren Bus genommen.

Unsere Gefühle werden nicht nur dadurch bestimmt, was geschehen ist; da wäre der Zweite der olympischen Spiele glücklicher als der Dritte, und Frau Keller und Frau Meier hätten sich gleichermaßen geärgert. Was wir fühlen, hängt auch davon ab, was hätte sein können.[62]

Sports Illustrated ist die größte amerikanische Sportzeitschrift. Doch seit Beginn ihres Erscheinens in den fünfziger Jahren kam unter Spitzensportlern das Gerücht auf, dass ein Fluch auf dem Titelbild von *Sports Illustrated* liege: Wer darauf abgebildet sei, der werde nicht gewinnen. Vor allem vor sportlichen Großanlässen schien es nicht ratsam, als einer der Favoriten auf dem Titelbild zu erscheinen.

Zuerst denkt man, dass ein Aberglaube in den Sportlerhirnen spukt. Man konnte aber in der Tat beobachten, dass Sportler nach Erscheinen auf dem Titelbild von *Sports Illustrated* oft eine schwächere Form hatten. Ein jüngeres Beispiel dafür war die hoffnungsvolle US-Fußball-Nationalmannschaft, die vor der Fußball-Weltmeisterschaft 2006 in Deutschland von der FIFA als Nummer 5 der Welt geführt wurde. Kurz vor Beginn des Turniers zierten vier ihrer Spieler das Titelbild von *Sports Illustrated.* Die Mannschaft zeigte eine enttäuschende Leistung und kassierte unter anderem eine herbe 0:3-Niederlage gegen Tschechien. Also doch ein böser Fluch?

Mitnichten. Zuerst müssen wir uns fragen: Wer kommt auf die Titelseite von *Sports Illustrated?* Antwort: Es ist die auffälligste Sportlerpersönlichkeit der Welt der letzten Woche. Wenn man bedenkt, wie viele Sportarten es gibt, ist dies eine außergewöhnliche Leistung. Nun haben wir schon im Kapitel *Die Erziehung von Kampfpiloten und Kindern* gesehen, dass Personen, die eine außerordentlich gute Leistung erbringen, mit großer Wahrscheinlichkeit wieder in Richtung ihrer Durchschnittsleistung zurückfallen. Wer also *vor* den Olympischen Spielen in derart grandioser Topform ist, dass er in *Sports Illustrated* erscheint, ist *während* der Olympischen Spiele vielleicht immer noch gut, aber eben etwas schlechter als einige Wochen zuvor, was bei der hohen Leistungsdichte im Spitzensport nicht mehr zum Sieg reicht. Es handelt sich nicht um einen bösen Fluch, sondern die einfache statistische Gesetzmäßigkeit, dass außerordentliche Leistungen – gute oder schlechte – beim nächsten Mal in Richtung Durchschnitt gehen.

Diese Gesetzmäßigkeit können sich auch clevere Quacksalber zunutze machen. Ihre Stunde schlägt, wenn ein Sportler völlig von der Rolle ist und sein Formtief kaum überwinden kann. Nun verabreicht der Quacksalber ihm ein angebliches Wundermittel, verbunden mit dem Hinweis, er solle einfach normal trainieren, das Mittel wirke von selbst. Wir wissen mittlerweile, dass nach einer miesen Form diese sich Richtung Durchschnitt verschiebt, ohne wie mit Wundermittel. Dieses mag einen Placeboeffekt haben, ist aber nicht die Ursache des Formanstiegs. Der Quacksalber hat sich natürliche Formschwankungen zunutze gemacht, um den Sportler glauben zu lassen, das Wundermittel wirke. Wahrscheinlich wird sich der Sportler wieder bei ihm melden …[63]

Wie war's denn in den Ferien?

Der amerikanische Humorist Dave Barry bemerkte einmal, dass Menschen viel zu dumm seien, um sich vom Tourismus durch millionenfache schlechte Erfahrungen abschrecken zu lassen. In der Tat bedeuten Ferien oft zusätzliche Belastung, ungewohnte Umgebung, rapiden Verlust von Geld. Trotz allem gehen wir nächstes Jahr wieder in die Ferien.

Warum? Eine Forschergruppe untersuchte diese Frage mit Studenten einer amerikanischen Universität. Kurz vor den Frühlingsferien wurden diejenigen Studenten, die eine Reise planten, gebeten, einen kurzen Fragebogen zu ihren diesbezüglichen Erwartungen auszufüllen. Wie werden sie sich fühlen? Inwiefern werden sie positive und negative Erfahrungen machen? Für die Ferien selbst erhielten die Studenten ein Datenaufnahmegerät, das sie wie eine Uhr am Arm tragen konnten. Wenn das Gerät ertönte, sollten die Studenten ihre spontanen Antworten auf dieselben Fragen direkt in das Gerät eingeben; dies war siebenmal pro Tag der Fall. Unmittelbar nach den Ferien und nach vier Wochen mussten sie aus der Erinnerung nochmals angeben, inwiefern sie positive und negative Erfahrungen gemacht hatten; schließlich sollten sie auch angeben, ob sie – wenn sie alles gewusst hätten – nochmals die gleichen Ferien buchen würden.

Das Resultat war verblüffend: Sowohl die erwarteten Emotionen vor den Ferien als auch die Erinnerungen danach waren intensiver als in den Ferien selbst. Warum dies? Die regelmäßige Aufforderung, die Fragen zu beantworten, erging nur in Ausnahmefällen zu einem Zeitpunkt, da der Betreffende einen schönen Sonnenuntergang am Strand genoss oder den Abend gemütlich bei einem saftigen Steak und einem Schluck Roten verbrachte. Viel eher fiel sie mit der Erledigung alltäglicher Kleinigkeiten zusammen, die auch in den Ferien anfallen, wie den Tisch abzuräumen oder der zappeligen Jüngsten die Zehennägel zu schneiden. Im Großen und Ganzen sind unsere Ferien – von wenigen Augenblicken abgesehen – nicht überwältigend schön. Wenn wir dann nach Hause kommen, vergessen wir den Alltagskram und behalten nur die schönen Erlebnisse; oder allenfalls die negativen, beispielsweise wenn wir eine Woche mit Grippe im Bett verbringen. So kommt es, dass unsere Ferienerlebnisse in der Erinnerung intensiver sind als in Wirklichkeit.

Das andere verblüffende Ergebnis war, dass die Antwort auf die Frage, ob man die Ferien nochmals am gleichen Ort verbringen würde, mit den Erinnerungen nach den Ferien zusammenhing, nicht aber mit den Gefühlen, die man in den Ferien selbst hatte. Das erklärt auch, weshalb wir nächstes Jahr wieder in die Ferien zu fahren: Es kommt gar nicht darauf an, wie man sich in den Ferien fühlt; Hauptsache, die Erinnerung stimmt.[64]

In vielen Ländern ist es den Leuten unangenehm, zeigen zu müssen, dass sie etwas nicht wissen. Wer als Tourist dorthin reist, kann erleben, dass er fragt, wo die Kathedrale mit den berühmten Fresken sei, und eine genaue Wegbeschreibung erhält, die ihn an den Rand der Stadt führt, wo einige Blechhütten stehen und viel Staub umherwirbelt, aber weit und breit keine Kathedrale zu sehen ist. Es ist nicht Boshaftigkeit der Einheimischen, die den Touristen in die Irre leitet, sondern die Scham davor, das nicht zu wissen, was man als Einheimischer vermutlich wissen sollte.

Wer glaubt, dass diese Scham nur in fernen Kulturen beheimatet ist, irrt sich: Mitte der achtziger Jahre haben amerikanische Forscher in einer Umfrage zufällig ausgewählte Personen gefragt, ob sie dem Gesetz zum Agrarhandel von 1983 zustimmen könnten oder nicht. Von den Befragten gaben 39 Prozent eine Antwort – dafür oder dagegen; die Restlichen antworteten, dass sie noch nie etwas von diesem Gesetz gehört hätten. Der Witz der Untersuchung war, dass das Gesetz zum Agrarhandel von 1983 gar nicht existierte. Dass nun 39 Prozent der Personen eine Antwort zu einem Thema gaben, das sie nicht kennen *konnten,* ist für jeden bedenklich, der Umfragen durchführt; denn Personen, die trotz ihres Nichtwissens antworten, stellen eine Fehlerquelle dar.

Noch bedenklicher wird diese Scham, wenn es um die Aufklärung eines Verbrechens geht: Wenn sechs Personen in einer Reihe stehen und ein Zeuge den Täter identifizieren soll, so ist dies schwierig genug, wenn der Täter darunter ist. In einer Untersuchung wurde Versuchspersonen das Video einer gestellten kriminellen Handlung gezeigt. Daraufhin wurden der «Täter» und fünf andere Personen in einer Reihe aufgestellt; den Versuchspersonen wurde gesagt, sie sollten den Täter identifizieren, wobei ausdrücklich erwähnt wurde, dass der Täter möglicherweise nicht in der Reihe stehe. Von allen Versuchsteilnehmern identifizierten 54 Prozent den Täter, 21 Prozent sagten, er sei nicht unter den in der Reihe befindlichen Personen, und 25 Prozent identifizierten einen anderen, der ebenfalls in der Reihe stand.

Was aber ist, wenn sich der Täter tatsächlich nicht in der Reihe befindet? Man möchte meinen, dass sich das Ergebnis in diesem Fall umkehrt und eine große Mehrheit der Versuchspersonen sagt, der Gesuchte sei nicht unter den vorgeführten Personen. Das war aber nicht der Fall: Fehlte der «Täter», so sagten nur 32 Prozent der Versuchsteilnehmer, keine der anwesenden Personen komme in Frage, während 68 Prozent auf eine von ihnen zeigte. Wäre ich der Verdächtige, ohne die Tat begangen zu haben, dann müsste ich gehörig Angst haben, dass der Zeuge auf mich zeigt, nur weil er sich nicht traut zuzugeben, dass er es nicht weiß.

Was macht man, wenn Personen aus Scham Stellung zu Angelegenheiten beziehen, von denen sie nichts wissen? Was die Zeugenaussagen anbelangt, so hat man das Verfahren geändert: Statt mehrere Personen auf einmal präsentiert man eine Person nach der anderen. Für jeden Einzelnen muss der Zeuge sagen, ob dies der Täter sei oder nicht. Sagt der Zeuge Ja, wird die Vorführung von Personen gestoppt; sagt er Nein, kommt die nächste Person. Dem Zeugen wird erklärt, dass er ein einmal gesagtes Nein nicht mehr zurücknehmen kann. Er weiß auch nicht, wie viele Personen insgesamt präsentiert werden; irgendwann sagt man ihm, die Vorführung sei beendet. Mit dieser Technik konnte weitgehend verhindert werden, dass Zeugen zufällig auf eine der vorgeführten Personen zeigen, weil sie sich nicht zu sagen trauen, der Täter sei nicht dabei oder sie wüssten es nicht.

Bei Umfragen versucht man die Fragen so zu formulieren, dass die Leute ohne Gesichtsverlust zugeben können, etwas nicht zu wissen. Um zu der erwähnten Umfrage über das Gesetz zum Agrarhandel zurückzukommen: Modifizierten die Forscher die Fragestellung ein wenig und fragten die Leute nun, ob sie dem Gesetz zum Agrarhandel von 1983 zustimmen könnten oder nicht oder ob sie nicht viel darüber nachgedacht hätten, so antworteten nur noch zwölf statt der vorherigen 39 Prozent, dass sie dafür oder dagegen seien.

Und was machen Sie als Tourist, wenn Sie die berühmte Kathedrale besichtigen wollen? Am besten zeigen Sie in eine bestimmte Richtung, in der die Kathedrale bestimmt *nicht* steht, und fragen: «Ist die Kathedrale mit den berühmten Fresken dort?» Sagt Ihnen der Gefragte: «Ja, genau», dann bedanken Sie sich freundlich und fragen danach jemand anderen. Wenn er aber antwortet: «Nein, da müssen Sie in diese Richtung gehen», dann dürfen Sie annehmen, dass er Bescheid weiß und Ihnen den richtigen Weg zeigt.[65]

Was ist häufiger: Mord oder Magenkrebs?

Zeitungen, Radio, Fernsehen und Internet informieren uns darüber, was in der Welt geschieht. Die Medien wählen allerdings die Informationen danach aus, was interessant ist und was ihnen nicht berichtenswert erscheint. So haben Boulevardblätter eine feste Aufteilung ihrer Seitenzahl, nicht nur in Politik, Wirtschaft und Sport, sondern auch in Kriminalität, Klatsch und Sex.

Unsere Informiertheit treibt manchmal komische Blüten: Sarah Lichtenstein und ihre Kollegen untersuchten, wie gut Personen die Häufigkeit von Todesursachen einschätzen konnten. Tatsächlich waren ihre Versuchsteilnehmer nicht sonderlich gut: Sie überschätzten diejenigen Todesursachen, die in den Medien häufig berichtet werden, wie beispielsweise Flugzeugabstürze, Haifischangriffe oder Mord. Auf der anderen Seite unterschätzten sie natürliche Todesursachen wie Asthma oder Magenkrebs. So sagten die Versuchsteilnehmer, dass Mord oder Totschlag im Durchschnitt anderthalbmal so häufig vorkäme wie Tod durch Magenkrebs, obwohl in Wirklichkeit fünfmal mehr Leute an Magenkrebs sterben als durch Gewalteinwirkung. Klar: Wenn in St. Pauli ein Mord geschieht, können die *Bild*-Leser über Monate die neuesten Entwicklungen dieses Ereignisses mitverfolgen. Stirbt eine Person in St. Pauli an Magenkrebs, erfahren nur Angehörige und Freunde davon. Ebenso glauben die meisten Personen, dass mehr Menschen bei Angriffen von Haien ums Leben kommen als durch herabstürzende Flugteile, obwohl es sich umgekehrt verhält. Auch hier ist es so, dass der Angriff eines Hais als Sensation berichtet wird, während der Tod von Personen, die von herabstürzenden Teilen getroffen werden, entweder in der Anzahl der Toten eines Flugzeugabsturzes inbegriffen ist oder in einer Meldung über Unglücksfälle kurz erwähnt wird.

Da die Wirklichkeit, über die wir erfahren, von Journalisten sorgfältig nach dem vermuteten Interesse in der Leserschaft ausgewählt wird, lesen wir viel mehr über die sensationellen Todesursachen als über Todesursachen, die langsam und unauffällig sind. Dies führt dazu, dass der Bürger ein schiefes Bild davon erhält.[66]

Gehen oder Sprechen, aber nicht beides

Eine der häufigsten Krankheiten im Alter über 85 Jahren ist die Alzheimer-Krankheit. Da die Menschen immer älter werden, wird diese Krankheit immer häufiger. Eine alltägliche Beobachtung bei Alzheimerkranken ist, dass sie nicht sprechen, wenn sie gehen, und dass sie anhalten, wenn sie sprechen, obwohl sie beides für sich – sprechen oder gehen – gut beherrschen. Der schottische Forscher Robert Logie und seine Kollegen fragten sich, ob bei der Alzheimer-Krankheit die Fähigkeit zur Koordination von Aufgaben geschwächt ist.

In einer Untersuchung ließen die Forscher gesunde ältere

Menschen, solche mit Depressionen und solche mit einer Alzheimer-Krankheit im frühen Stadium zwei Aufgaben gleichzeitig ausführen: Die erste Aufgabe bestand darin, vorgesprochene Reihen von Ziffern – etwa «5 4 8 2 7» – zu behalten und nach der letzten Zahl sofort wiederzugeben. Die Ziffern wurden im Abstand von zwei Sekunden gesprochen. Parallel dazu mussten die Personen mit einem Leuchtstift einem Punkt folgen, der sich auf einem Computerbildschirm in zufälliger Richtung bewegte.

Sollten die beiden Aufgaben für sich ausgeführt werden, so zeigten Alzheimerkranke keine Leistungsminderung gegenüber den anderen Versuchspersonen. Nur wenn beide Aufgaben zusammen ausgeführt werden mussten, hatten sie mehr Probleme als die Gesunden oder Depressiven. Daraus ist übrigens auch zu ersehen, dass die Schwierigkeiten der Alzheimerkranken nicht auf eine allfällige Depression zurückzuführen sind, die die Alzheimer-Erkrankung oft begleitet.

Diese Untersuchung belegt, dass die Fähigkeit, zwei Dinge auf einmal zu tun, bei Alzheimerkranken noch stärker eingeschränkt ist als bei gesunden Personen. Wenn Sie also Ihre frühere Nachbarin besuchen, die im Pflegeheim wohnt und am Anfang einer Alzheimer-Krankheit steht, dann lassen Sie ihr Zeit. Wenn sie sich fortbewegt, dann stellen Sie ihr so lange keine Fragen, bis sie stehen oder sitzen kann und sich dann voll auf Ihre Frage konzentrieren kann. Sie wird dann gerne antworten.[67]

Ich

Was steht in den Sternen?

Um mehr über sich selbst zu erfahren, wenden sich viele Leute an die Sterne. Die Astrologie ist jahrtausendealt: In Babylon glaubte man, dass Götter die Menschen über die Sterne beeinflussen würden. Da der Mensch sein Schicksal gerne in die eigenen Hände nimmt, schien es erstrebenswert herauszufinden, wie die Sterne den Menschen steuern. So entwickelte sich von alters her die Sterndeutung; auch heute noch finden wir viele Spielarten der Astrologie. Ist sie eine Wissenschaft? Man bringt das genaue Geburtsdatum mit der Konstellation der Gestirne in Verbindung und errechnet daraus Neigungen und Eignungen einer Person. Es handelt sich um systematische Beziehungen, so dass man die Neigungen und Eignungen genau errechnen kann. Aber: Stimmen die Berechnungen mit der Wirklichkeit überein?

Im Jahr 1985 führte Shawn Carlson von der Universität Berkeley einen Versuch durch, bei dem sie anerkannten Astrologen genaue Angaben zu Geburtsdatum und Geburtsort einer Person gab plus drei Profile aus einem Persönlichkeitstest. Eines dieser Profile gehörte derjenigen Person, von der die Astrologen die Geburtsdaten erhielten. Die Astrologen sollten nun aus den vorhandenen Angaben das Horoskop erstellen und dann aus den drei Persönlichkeitsprofilen dasjenige auswählen, das zum Horoskop passte. Die Wahrscheinlichkeit, dass die Astrologen zufälligerweise das Horoskop dem richtigen Persönlichkeitsprofil zuordneten, betrug demnach 33,3 Prozent. Die Forscherin war sehr bemüht, die Astrologie fair zu prüfen. Sie wollte die Wahrheit herausfinden und nicht vorgefasste Meinungen bestätigen. Deshalb legte sie den teilnehmenden Astrologen gegenüber die gesamte Untersuchungsanordnung offen und plante die Untersuchung so, dass die Astrologen selbst der Meinung waren, es handle sich um einen fairen Test. Sie ließ die Astrologen auch schätzen, wie viele richtige Zuordnungen sie schaffen würden. Die Astrologen gingen von einer Erfolgsquote von mindestens 50 Prozent aus, bei der erwähnten Zufallswahrscheinlichkeit von 33,3 Prozent.

Das Ergebnis waren für die Astrologen ernüchternd: Ganze 33,7 Prozent der Vorhersagen waren richtig, was praktisch dem Zufallsniveau entsprach. Es lag weit unter den Erwartungen der Astrologen selbst. Dieses Ergebnis ist nicht das einzige, das die Behauptungen der Astrologie widerlegt: Wo immer sie seriös geprüft wurde, lagen die Ergebnisse auf Zufallsniveau.[68]

Horoskopus Pokus

Es ist kurios: Eigentlich weiß man, dass an der Astrologie wissenschaftlich nichts dran ist. Erstellt aber eine Astrologin unser eigenes Horoskop, dann haben wir beim Lesen das Gefühl: «Das stimmt ja alles!» Wie kann es denn sein, dass das Horoskop stimmt, wenn nichts dran ist? Warum widerspricht in diesem Falle unsere persönliche Erfahrung den wissenschaftlichen Befunden? Es gibt eine Reihe von Mechanismen, die die Astrologie in einem weit günstigeren Licht erscheinen lassen, als sie es verdient.

Der erste dieser Mechanismen ist der sogenannte Barnum-Effekt: In der Astrologie werden oft allgemeine Aussagen gemacht, zum Beispiel: «Die Person hat oft Selbstzweifel», «viel ungenutztes Potenzial» oder «ein starkes Bedürfnis nach Liebe und Zärtlichkeit». Bei näherer Betrachtung wird man herausfinden, dass diese Aussagen auf praktisch alle Menschen zutreffen. Würde die Astrologin sagen, dass die im Horoskop beschriebene Person zwei Augen, eine Nase und einen Mund habe: Wir würden das Horoskop mit einem Lächeln quittieren. Bei unseren eigenen, geheim gehaltenen Wünschen meinen wir hingegen, die Astrologin habe etwas ganz Besonderes herausgefunden, wenn sie uns Selbstzweifel und Sehnsüchte nachsagt. In Wahrheit merken wir nur nicht, dass unsere angeblich ureigenen Bedürfnisse uns allen gemeinsam sind.

Weiter hat man herausgefunden, dass Personen eher an ein Horoskop glauben, wenn es allein für sie gemacht zu sein scheint. Gab man Studierenden an, dass sie ein Horoskop läsen, das aus Geburtsdatum, -stunde und -minute abgeleitet wurde, dann glaubten sie, dass die Beschreibung gut auf ihre Person passe; andere Studenten, denen gesagt wurde, dass nur Geburtsjahr und -monat berücksichtigt wurde oder dass die Beschreibung für Personen allgemein gelte, beurteilten das Horoskop skeptischer. Allerdings erhielten alle Versuchspersonen die genau gleiche Personenbeschreibung, so dass der Unterschied in der Beurteilung des Horoskops allein darauf zurückgeführt werden konnte, dass die erste Gruppe glaubte, das Horoskop sei auf ihre Geburtsdaten maßgeschneidert.

Außerdem suchen wir im Gedächtnis oft nach Informationen, die eine Annahme bestätigen, und nicht nach Informationen, die die Annahme widerlegen. Wenn Sie wieder einmal ein Horoskop lesen, versuchen Sie Folgendes: Wenn Sie eine Aussage finden, zum Beispiel, dass Sie oft Selbstzweifel haben, denken Sie an das Gegenteil: dass Sie oft selbstsicher sind. Die meisten werden sich dies leicht vorstellen können!

Die wichtigste Botschaft dieser Lektion ist, dass unsere Erfahrungen den Tatsachen ab und zu widersprechen. Obwohl unsere Erfahrung sehr wertvoll ist und in vielen Fällen zutrifft, hält man sich in Fällen wie der Astrologie oder der Graphologie doch lieber an die Tatsachen.[69]

Da steht mir ein netter Kollege gegenüber, von dem ich erfahren habe, dass er homosexuell sei. Eigentlich finde ich nichts dabei: Ich akzeptiere seine Lebensweise, wie er die meine auch akzeptiert. Trotzdem muss ich mir Mühe geben, mich auf das Gespräch zu konzentrieren, weil ich nichts sagen will, das zeigen würde, dass ich zur Homosexualität nicht das unverkrampfte Verhältnis habe, das ich mir wünschte. Das gelingt mir zwar recht gut, aber irgendwie muss ich nachher noch einige Zeit daran denken. Manchmal gehen uns Gedanken durch den Kopf, die wir eigentlich gar nicht dort haben wollen; sie stören uns daran, mit dem anderen locker zu reden. Es gibt vielerlei Gedanken, die wir beiseiteschieben möchten: Argwohn; Eifersucht; Angst davor, uns zu blamieren; ein Geheimnis, das wir dem anderen nicht verraten möchten. Wir wissen, dass diese Gedanken im gerade stattfindenden Gespräch keinen Platz haben; deshalb kämpfen wir dagegen an. Aber je mehr wir gegen diese Gedanken angehen, desto mehr plagen sie uns.

Lässt sich im Labor nachstellen, dass Gedanken, die wir eigentlich *nicht* haben wollen, desto stärker wiederkehren, je mehr wir uns anstrengen, nicht daran zu denken?

Harvard-Professor Daniel Wegner führte eine Reihe von Untersuchungen durch, in denen er zeigen konnte, dass Verbote, an einen «weißen Bären» zu denken, dazu führten, dass die Versuchspersonen viel mehr an weiße Bären dachten, nachdem sie den Gedanken daran unterdrückt hatten. Wenn verbotene Gedanken an so etwas Harmloses wie weiße Bären uns dieses Thema aufdrängen: Wie müssen dann erst verbotene Gedanken an heikle Themen uns dazu bringen, im Stillen besonders heftig an sie zu denken?

Gibt es denn keine Chance, unangenehmen Gedanken auszuweichen? In der Tat können wiederkehrende negative Gedanken den Alltag so stark beeinträchtigen, dass die betreffenden Personen fachliche Hilfe benötigen. Unsere alltäglichen Sorgen, die uns schlimm genug plagen, können wir durch Anstrengung allein nicht loswerden – dies hat die Forschung bisher herausgefunden. Erstaunlich wenig ist allerdings darüber bekannt, wie wir solcher Gedanken Herr werden können. In einigen Situationen mag es helfen, seine Gedanken direkt auszusprechen, zum Beispiel wenn man argwöhnisch oder eifersüchtig ist: natürlich nicht vorwurfsvoll, sondern als eine Beschreibung dessen, was man in letzter Zeit fühlt. Nicht alle unsere Gedanken sind dazu geeignet, auch ausgesprochen zu werden. Eine andere wirksame Strategie ist, etwas anderes zu tun, das Denken erfordert. Man weicht nicht absichtlich den unangenehmen Gedanken aus, sondern beschäftigt sich mit einer Tätigkeit, bei der man im wahrsten Sinne des Wortes auf andere Gedanken kommt. Man wird damit die unangenehmen Gedanken nicht einfach los, aber man fasst wieder Tritt, statt sich im Kreis zu drehen.

Dies gilt auch im Umgang mit anderen: Statt sich anzustrengen, ja nichts Falsches zu sagen, können wir diese Gedanken ruhig kommen lassen, ohne dass wir ihnen Bedeutung beimessen. Wenn wir uns beim Reden dann auf das Thema konzentrieren, das wir mit dem anderen diskutieren wollen, werden wir nach und nach zu einem normalen Verhältnis sowohl dem anderen gegenüber als auch zu unseren eigenen Gedanken finden.[70]

Das Gute jetzt oder das Bessere später?

In den sechziger Jahren führte der in Wien geborene und in den USA tätige Psychologe Walter Mischel ein einfaches Experiment mit vierjährigen Kindern durch, das auch für uns Große von Bedeutung ist: Kinder sitzen in einem Raum an einem Tisch; auf dem Tisch liegt eine Süßigkeit, in den USA meist ein Marshmallow, das Experiment lässt sich aber mit einem Keks genauso durchführen. Der Versuchsleiter sagt dem Kind, er müsse schnell den Raum verlassen, um etwas zu holen, komme aber bald wieder zurück. Wenn das Kind bis dahin den Keks nicht genascht habe, dürfe es zwei davon haben. Das Kind steht also vor dem Dilemma: Ich will zwei Kekse haben. Ich habe aber jetzt Lust auf den Keks, der auf dem Tisch liegt. Die Kinder wurden gefilmt. Einige konnten ihre Augen nicht von den Keksen lassen. Andere versuchten, ihren Blick von den Keksen abzuwenden oder die Augen zu schließen. Einigen Kindern gelang es, den Keks auf dem Tisch liegen zu lassen, bis der Versuchsleiter wiederkam, während andere der Versuchung nicht widerstehen konnten und den Keks verspeisten.

Die Grundsituation besteht darin, dass eine langfristige Belohnung attraktiver ist als jene, die sie jetzt sofort bekommen können. Die augenblickliche Belohnung ist aber so attraktiv, dass man nicht widerstehen kann, was aber zur Folge hat, dass einem die langfristige Belohnung entgeht. Solche Situationen sind in unserem Alltag häufig:

Sie sind 17 Jahre alt und möchten nächsten Sommer mit Ihrem Schwarm in die Ferien fahren. Sie müssen die Ferien selbst bezahlen und wissen, dass Sie dazu jeden Monat von den Ihnen zur Verfügung stehenden 60 Euro Taschengeld 50 auf die hohe Kante legen müssen. Da lächelt Ihnen das Konterfei Ihrer Lieblingssängerin von der CD-Hülle aus einem Schaufenster entgegen. Noch am gleichen Abend lächelt die Sängerin auf dem CD-Gestell in Ihrem Zimmer, unter anderem auch deshalb, weil sie einen Teil der 19,95 Euro erhält, die Sie jetzt nicht mehr für Ihre Ferien verwenden können.

Sie studieren Botanik und haben immer am Montag um 8:15 Uhr Biostatistik-Übungen. Sie wissen, dass Sie hingehen sollten, wenn Sie die Prüfung am Ende des Semesters bestehen wollen. Sie müssten um 6:15 Uhr aufstehen, um rechtzeitig zu den Übungen zu kommen. Da Sie aber sonntags bis spätabends mit Freunden rumhängen, sind Sie montags früh hundemüde. Als Sie um Mitternacht ins Bett gehen, nehmen Sie sich fest vor, am Morgen aufzustehen und hinzugehen. Wenn Sie dann aber der Wecker aus dem tiefen Schlaf holt, stellen Sie ihn ab, drehen sich um und schlafen friedlich bis zehn Uhr weiter. Beim Aufstehen haben Sie allerdings ein schales Gefühl, wenn Sie an die Biostatistik-Prüfung denken.

Sie haben ein paar Pfunde zu viel und nehmen sich vor, fünf Kilogramm abzunehmen. Eigentlich müssten Sie nur bei den Süßigkeiten zurückstecken, um das Ziel zu erreichen. Sie gehen im Supermarkt für das Wochenende einkaufen. Alles geht gut, bis Sie an der Kasse warten müssen und doch noch ein Multipack Ihrer Lieblingsschokoriegel in den Warenkorb legen.

In allen drei Fällen überwältigt der Impuls des Augenblicks die langfristige Vernunft. Was kann man dagegen tun? Dass ein bloßer Appell an die Willenskraft nicht viel nützt, dürfte den meisten von uns aus eigener Erfahrung bekannt sein. Eine Methode ist, die Situation so zu gestalten, dass es schwieriger wird, dem Impuls nachzugeben. Zum Beispiel können Sie 50 Euro monatlich auf Ihr Sparkonto überweisen, so dass das schönste Lächeln von der CD-Hülle Ihnen Ihr Geld nicht aus der Tasche locken kann. Müssen Sie frühmorgens aufstehen, können Sie sich von der Kollegin, die zwei Häuser weiter wohnt, abholen lassen. Da Sie nicht im Pyjama vor ihr stehen wollen, steigt die Wahrscheinlichkeit, dass Sie sich trotz Müdigkeit zusammenreißen und aufstehen. Schwieriger ist es, die Schokoriegel an der Supermarktkasse zu umgehen, da die Supermarktmanager um Ihre kleine Schwäche wissen und diese ausnutzen, obwohl Sie im letzten Kundefragebogen geschrieben haben, dass Sie die Süßigkeiten gerne weg von der Kasse hätten. Eine andere Methode lernen wir im nächsten Kapitel kennen.[71]

Peter Gollwitzer und seine Mitarbeiter von der Universität Konstanz haben untersucht, wie Personen ihre guten Vorsätze verwirklichen können. Wenn Sie sich zum Ziel gesetzt haben, fünf Kilogramm abzuspecken, dann ist dies zu abstrakt. Das Problem ist nämlich, dass Sie beim Einkauf den Schokoriegel in den Warenkorb legen, ohne viel zu überlegen. Sie müssen nun diesen Automatismus brechen. Das tun Sie am besten, indem Sie konkrete Pläne aufschreiben. Statt «Ich nehme fünf Kilogramm ab» oder gar nur «Ich nehme ab», sollten Sie sich festlegen, bis wann Sie dieses Ziel erreichen möchten. Zum Beispiel: «Ich nehme innerhalb der nächsten fünf Wochen fünf Kilogramm ab, jede Woche eins.» Ebenso hilfreich ist es, konkret die Verhaltensänderung zu beschreiben, die Sie sich vornehmen wollen: «Jedes Mal, wenn ich in den Supermarkt gehe, kaufe ich keine Süßigkeiten ein.»

Zusätzlich können Sie sich vornehmen, gesunde Nahrungsmittel einzukaufen oder sich fit zu halten. In einer britischen Studie konnten Studenten an einem Fitnessprogramm teilnehmen. Spontan nahmen 29 Prozent einer Studentengruppe an einem solchen Programm teil. Versuchte man in einer anderen Gruppe, die Studenten zu motivieren, indem man zum Beispiel auf das Risiko von Herz- und Kreislaufstörungen sowie auf die vorbeugende Wirkung von Fitness hinwies, dann stieg der Anteil der Teilnehmer auf 39 Prozent. Wurden zusätzlich zu dieser Motivationsspritze konkrete Pläne geliefert, wie das Fitnessprogramm durchgeführt werden sollte, dann stieg der Anteil der Teilnehmer auf sage und schreibe 91 Prozent.

Sich ein neues Verhalten zur Gewohnheit zu machen, ist ein gutes Mittel, ein Ziel zu erreichen. Dies gilt auch für eigene Vorurteile, die einen plagen: Haben Männer Vorurteile gegenüber Frauen in technischen Berufen, so können sie sich vornehmen: «Jedes Mal, wenn ich eine Technikerin antreffe, sage ich mir: Ignoriere das Geschlecht!» Es hat sich für unterschiedliche Vorurteile gezeigt, dass dann selbst die automatische Aktivierung von Vorurteilen verschwindet, die wir im Kapitel *Vorurteile sind natürlich, aber nicht gut* beschrieben haben.

Wir haben jetzt gesehen, dass konkrete Pläne wichtig sind, damit das neue, von Ihnen gewünschte Verhalten in die Realität umgesetzt werden kann. «Ich will!» genügt nicht. Bei einigen Tätigkeiten liegt die Schwierigkeit weniger darin, sie auszuführen, als darin, überhaupt damit zu beginnen. So müssen Sie sich auch festlegen, wann Sie damit beginnen wollen, fünf Kilogramm abzunehmen; zum Beispiel «morgen» oder «am Tag nach Onkel Oskars 70. Geburtstag» (dann sechs Kilogramm).[72]

Anpacken statt Aufschieben

Die Wohnung muss wieder mal aufgeräumt werden. Da dies schon lange nicht mehr geschehen ist, gibt es viel zu tun. Wochentags arbeitet man, und abends will man den Feierabend genießen; also bleibt nur das Wochenende. Am Samstag geht man einkaufen, und abends ist man fürs Kino verabredet. No chance. Am Sonntag schläft man dann aus und geht zum Brunch zu seiner Schwester. Da Sonntag abends im Fernsehen immer ein guter Spielfilm kommt, ist auch dieses Wochenende vorbeigegangen, ohne dass die Wohnung ordentlicher geworden wäre.

Wir alle kennen das Aufschieben von Tätigkeiten, vor allem dann, wenn wir sie nicht gerne tun. Wir entscheiden uns nicht, sie nicht zu tun; vielmehr gibt es so viel anderes, das wir tun können und auch lieber tun, dass wir die unangenehmen Dinge sein lassen.

Um endlich anzufangen, müssen wir eine klare Absicht formulieren. «Die Wohnung aufräumen» genügt nicht; man muss auch konkret sagen, wann und wo man beginnt. Zum Beispiel: «Morgen, Dienstag, am Abend nach dem Essen, räume ich die Bücher vom Küchentisch in den Bücherschrank zurück.» Dann ist die Wahrscheinlichkeit größer, dass dies auch tatsächlich geschieht.

Peter Gollwitzer und Veronika Brandstätter haben in einer Studie Studenten gefragt, was sie in den Weihnachtsferien erledigen möchten. Die Befragten mussten einen Vorsatz nennen, der leicht, und einen, der schwierig auszuführen ist. Zudem wurden die Studenten gefragt, ob sie wüssten, wann und wo sie beginnen wollten. Zwei Drittel sagten, sie hätten einen solchen Plan. War der Vorsatz leicht zu verwirklichen, dann schafften es 80 Prozent der Studenten, unabhängig davon, ob sie geplant hatten, wann und wo sie beginnen wollten. War der Vorsatz schwierig zu realisieren, dann kam es darauf an, ob die Studenten einen Plan hatten: Wussten sie, wann und wo sie beginnen wollten, dann schafften zwei Drittel, ihren Vorsatz auszuführen. Hatten sie keinen solchen Plan, dann scheiterten die meisten. Andere Studien bestätigten den Befund, dass ein guter Plan, wann und wo etwas erledigt werden soll, dabei hilft, einen Vorsatz in die Realität umzusetzen. Solche einfachen Pläne sind eine hilfreiche Stütze, um anzufangen statt aufzuschieben.

Nicht nur ich selbst schiebe Dinge auf, sondern auch andere: Wenn ich in einer E-Mail schreibe, dass ich einen Bescheid innerhalb eines Monats brauche, dann kann ich sicher sein, dass nichts kommt. Der Adressat legt die Mail zur Seite, weil er viel anderes zu tun hat, und schiebt das Bearbeiten meiner Anfrage heraus, bis er es endgültig vergisst. Deshalb setze ich sehr kurze Fristen, zum Beispiel drei Tage. Damit dies nicht unhöflich wirkt, schreibe ich, dass der Empfänger mir sagen solle, wenn dies nicht möglich sei. Ich erhalte äußerst selten eine Meldung, dass die Bearbeitung meiner Anfrage nicht möglich sei; in den meisten Fällen erhalte ich das Gewünschte innerhalb der gesetzten Frist.[73]

In einer klassischen Untersuchung waren Versuchspersonen in einem Raum, von dessen Decke zwei Seile herunterhingen. Im Raum lagen verschiedene Werkzeuge, zum Beispiel Hammer und Zange, herum. Die Versuchspersonen erhielten die Instruktion, dass sie die beiden Seilenden in ihren Händen halten müssten. Das war aber gar nicht so einfach: Hielt man das eine Seilende in den Händen, so konnte man nicht an das andere Seil gelangen. Man musste also ein Mittel finden, das eine Seil zu halten und das andere zu bekommen. Sie können innehalten und die Lösung selbst suchen, bevor Sie weiterlesen.

Wenn ich dieses Problem – mit einer Zeichnung – meinen Studenten schildere, dann vergeht einige Zeit, bis einer von ihnen die Lösung findet. Sie besteht darin, den Hammer an das eine Seil zu binden und dieses Seil in Schwingung zu versetzen. Während dieses Seil wegschwingt, holt man das andere Seilende, so dass man wieder in der Mitte zwischen beiden Seilen steht, wenn das Seil mit dem Hammer zurückschwingt. Natürlich muss man dabei aufpassen, dass einem der Hammer nicht an den Kopf stößt. Warum ist diese Lösung so schwierig?

Gegenstände haben eine bestimmte Funktion: Mit einem Hammer zum Beispiel schlägt man Nägel ein. Diese und weitere Untersuchungen zeigten, dass Personen oft Schwierigkeiten haben, einen Gegenstand anders zu gebrauchen, als man gewohnt ist. Man nennt dies in der Fachsprache funktionale Fixierung, weil man an der ursprünglichen Funktion des Gegenstandes festhält.

Wer funktionale Fixierung überwinden kann und von Gegenständen auf neue Weise Gebrauch macht, kann Mühe und Kosten sparen: Wenn Frauen mit ihren alten Kinderwagen, die sie längst nicht mehr für den Nachwuchs brauchen, zum Einkaufen gehen, werden sie zwar etwas scheel angesehen, aber sie haben den Kinderwagen kreativ umfunktioniert. Sie sparen sich das Rucksacktragen oder ein Auto. Man hat es bloß «noch nie so gemacht». In einigen Fällen rettet die Überwindung funktionaler Fixierung Leben: Die Doktoren Wallace und Wong waren in einem Flugzeug, das von Hongkong aus gestartet war, als eine Frau einen lebensbedrohlichen Lungenkollaps erlitt. Die einzigen chirurgischen Werkzeuge waren Gummischläuche und ein Skalpell. Obwohl sie wichtige Spezialwerkzeuge nicht zur Verfügung hatten, operierten sie die Frau erfolgreich mit Gegenständen, die sonst eine andere Funktion haben, zum Beispiel einem Kleiderbügel, einem Messer, einer Gabel und einer Flasche Evian.[74]

Die Vergänglichkeit des Glücks – und des Unglücks

Da lese ich gerade, dass einer im Lotto den Jackpot geknackt und mehrere Millionen Euro gewonnen hat. Einer, der bisher wie die meisten von uns Tag für Tag seiner Arbeit nachgegangen ist, um gerade so viel Geld zu verdienen, dass er sich ohne große Probleme durchs Leben bringen konnte, aber eben nicht mehr. Und nun der Traumgewinn. Wäre das schön!

Wie lange würden wir uns des Glücks erfreuen, wenn wir tatsächlich im Lotto gewännen? Die Antwort: etwa drei Monate. In einer Untersuchung von Philip Brickman und seinen Kollegen aus den siebziger Jahren konnte gezeigt werden, dass Lottogewinner einige Zeit nach ihrem Gewinn nicht glücklicher waren als Personen, die keinen Lottogewinn hatten. Es zeigte sich auch, dass für Lottogewinner einige alltägliche Kleinigkeiten, an denen wir uns erfreuen können, keine Quelle des Glücks mehr waren. Man passt sich den Verhältnissen eben an. In einer neueren Untersuchung zeigte sich, dass Personen mit normalem Einkommen das Glück des Reichseins überschätzten. Sie glauben, dass man dann machen könne, was man wolle: sich am Swimmingpool entspannen, lesen, zwischendurch ein saftiges Steak verspeisen. Es zeigt sich aber, dass auch Reiche oft viel arbeiten, nicht viel mehr als andere zum Lesen kommen und, selbst wenn sie das Feinste vom Feinen essen, dies nicht mehr genießen als unsereins seine Bratwurst mit Senf.

Wer das Glück des Reichseins so überschätzt, investiert möglicherweise viel Zeit in das Geldverdienen. Wüsste man, dass man sich auch an Reichtum gewöhnt, könnte man mehr mit der Familie oder mit Freunden zusammen sein, statt dem lieben Geld nachzurennen.

In der Untersuchung von Brickman und Kollegen zeigte sich, dass querschnittsgelähmte Personen allgemein zwar unglücklicher sind als Gesunde, sich aber vorstellen, in Zukunft etwa gleich glücklich zu sein. In der Tat überschätzen Gesunde, wie schlecht sich Kranke fühlen. Wenn ein Unglücksfall oder eine Krankheit relativ neu ist, dann vergleicht der Kranke seinen jetzigen mit seinem früheren, gesunden Zustand, was ihn unglücklicher werden lässt. Immer wieder zeigt es sich, dass die Wirkung von Unglück und Krankheit mit der Zeit nachlässt, so dass schon länger kranke oder behinderte Personen weniger unglücklich sind als wir Gesunde uns dies vorstellen.[75]

Glücklich werden!

In den letzten Jahren ist in der wissenschaftlichen Psychologie eine neue Bewegung entstanden, die positive Psychologie, die herauszufinden versucht, wie Menschen glücklich werden. Dies führt weg vom vorherrschenden Bild der Psychologie, die eingreift, wenn etwas schiefläuft, oder Verkäufern und Wahlkämpfern hilft, andere so zu beeinflussen, dass sie ein bestimmtes Produkt erwerben oder einen bestimmten Politiker wählen.

Ausgangspunkt dieser Forschung ist, dass es einige Menschen schaffen, glücklich zu werden, während andere Tag für Tag ihren grauen Alltag totschlagen. Verblüffend ist, dass gerade unter Menschen, die es im Leben sehr schwer hatten, ein großer Teil ein erfülltes Leben führt, das sie glücklich und zufrieden macht. Sie meistern Umstände, an denen andere Menschen zerbrechen. Man könnte nun die Eigenschaften derjenigen Menschen erforschen, die trotz harter Mühsal und karger Not zu glücklichen Menschen wurden. Was nützt es mir aber, wenn ich weiß, dass eine ganz bestimmte Mischung von Persönlichkeitseigenschaften zum Glück führt, ich aber nicht zu den Auserwählten gehöre, die so beschaffen sind? Es würde ja nur bestätigen, dass ich ein Unglücksrabe bin, der mit seinem Leben eh nichts anfangen kann. Hilfreicher ist die Erforschung von Handlungen, die mich zu meines eigenen Glückes Schmied machen. Genau dies hat ein Forschungsteam unter der Leitung von Martin Seligman getan: In einer internetbasierten Untersuchung ließen sie Personen eine der folgenden Tätigkeiten ausführen, die sie möglicherweise glücklicher machen könnten:

Ein Dankeschönbesuch: Sie schreiben innerhalb einer Woche einen Brief an eine Person, die etwas speziell Gutes für Sie getan hat, ohne dass Sie ihr ausreichend dafür gedankt haben. Der Brief wird dem Menschen, dem Sie dankbar sind, persönlich übergeben.

Drei gute Dinge aufschreiben: Jeden Abend schreiben Sie drei Dinge auf, die an diesem Tag gut gegangen sind; sie tun dies eine Woche lang. Außerdem sollten Sie aufschreiben, warum sich etwas gut entwickelt hat.

Die besten Zeiten: Schreiben Sie über die beste Zeit, die Sie hatten, und über die persönlichen Stärken, die Sie damals gezeigt haben. Eine Woche lang sollen Sie jeden Abend über die Stärken nachdenken, die Sie gefunden haben.

Stärken nutzen: Sie füllen einen Onlinefragebogen aus, aus dem Ihre fünf größten Stärken aus insgesamt 24 persönlichen Stärken hervorgehen. Beispiele solcher Stärken sind Kreativität, Ausdauer, Freundlichkeit, Führungsstärke, Bescheidenheit oder Humor. Nutzen Sie jeden Tag eine dieser Stärken auf eine neue Weise.

Stärken identifizieren: das Gleiche wie oben, aber mit der unbestimmten Instruktion, die fünf größten Stärken aufzuschreiben und innerhalb der nächsten Woche öfter zu gebrauchen.

Eine zusätzliche Gruppe wurde gebeten, eine Woche lang jeden Abend Kindheitserinnerungen aufzuschreiben. Hier nahmen die Forscher an, dass diese Tätigkeit nicht glücklicher machen werde. Sie wollten bloß schauen, ob alleine der Umstand, etwas Persönliches aufzuschreiben, die Befindlichkeit verbessern könnte.

Zwei Tätigkeiten erwiesen sich als eher schädlich: die persönlichen Stärken aufzuschreiben und «öfter mal zu nutzen» und das Aufschreiben der besten Zeiten, die man gehabt hat. Besonders Letzteres scheint einen Vergleich mit der durchschnittlichen oder trüben Gegenwart heraufzubeschwören, was dem Glück eher abträglich ist.

Der Dankeschönbrief machte die Überbringer einen Monat lang glücklicher und weniger deprimiert, dann wurden sie gleich glücklich wie diejenige Gruppe, die Kindheitserinnerungen aufschrieben. Immerhin kann ein Dankeschönbrief sehr befreiend wirken. Ein ehrlich gemeinter Dankeschönbrief hat nichts Peinliches an sich; wer einen solchen erhält, wird stille Freude empfinden.

Sechs Monate nach dem Experiment waren immer noch die Menschen glücklicher, die drei gute Dinge aufschrieben und ihre größte Stärke nutzten. Da das Experiment via Internet stattfand, kann es natürlich sein, dass die Personen sich der positiven Wirkung bewusst wurden und nach der vorgeschriebenen Woche weiter drei gute Dinge pro Tag aufschrieben oder eine der größten persönlichen Stärken nutzten. Trotzdem ist erstaunlich, welch kleine Maßnahmen zu größerem Glück und weniger Gram führen.

Die positive Psychologie steht erst am Anfang und kann erst wenige kleine Ausschnitte des alltäglichen Glücks beleuchten. Doch hoffen die Forscher, eines Tages umfassend zu wissen, wie unterschiedliche Menschen – jeder auf seine Art – glücklich werden können.[76]

Alt und weise?

Menschen wollen nicht nur glücklich werden, sondern auch weise. Während man sein Glück schon in jungen Jahren suchen kann, wird Weisheit mit Alter verbunden: Es bedarf Lebenserfahrung, um weise zu werden. Wird man mit dem Alter tatsächlich weiser? Dieser Frage gingen seit den neunziger Jahren die Altersforscher Ursula Staudinger und Paul Baltes nach.

Bevor man Weisheit erforschen kann, muss man wissen, was damit gemeint ist. Es ist oft schwierig, einen Begriff aus der Alltagssprache zu nehmen und diesen exakt zu definieren, ohne dass der Gehalt des Begriffs verloren geht. Dies ist für den Begriff *Erinnern* einfacher als für *Intelligenz* oder *Emotion,* die wiederum einfacher zu fassen sind als *Liebe* oder *Weisheit.* Einige Philosophen glauben, dass es nicht möglich sei, mit solchen Alltagsbegriffen wissenschaftlich zu arbeiten, weil sie zu schwammig sind. Psychologen denken pragmatischer und nähern sich einem Begriff an, damit sie vorläufig mit ihm arbeiten können. Dazu kann man auch Leute befragen, was sie zum Beispiel unter Weisheit verstehen, und die Ideen fürs Erste ordnen. Eine schärfere Definition ergibt sich später aus den Forschungsbefunden. Erforscher von Emotionen waren mit dieser Strategie sehr erfolgreich.

Die Berliner Forscher ordneten dem Begriff Weisheit verschiedene Kriterien zu: Weise Menschen haben reiches Wissen über das Leben und seine Veränderungen. Sie wissen auch, wie man Entscheidungen trifft. Diese Bedingungen sind noch sehr allgemein: Wer viele Fakten über das Leben kennt und weiß, wie man Entscheidungen trifft, kann auch bloß intelligent sein. Weisheit bedeutet, das Leben in seinen unterschiedlichen Facetten und all seinen Abschnitten zu betrachten; Werte und Lebensziele von verschiedenen Gesichtspunkten aus zu sehen und zu würdigen, wobei der Blick auf wenige allgemeingültige Werte – zum Beispiel das Wohl anderer Menschen – nicht verloren geht; es bedeutet schließlich die Betrachtung der Unsicherheit, die jedem Leben innewohnt, und die Nutzung wirksamer Entscheidungshilfen, die uns mit der Unsicherheit umgehen helfen. Nicht alles, was der Laie unter Weisheit versteht, ist hier inbegriffen, zum Beispiel Gelassenheit gegenüber den Unwägbarkeiten des Lebens.

Wird man mit dem Alter weiser? Die Untersuchungen der Berliner Forschungsgruppe zeigen, dass dies im Großen und Ganzen nicht der Fall ist. Eine Möglichkeit ist die, dass dem größeren Erfahrungsschatz älterer Menschen eine geringere Offenheit gegenüber Neuem entgegensteht; diese ist notwendig, wenn man Lebensereignisse und Werte von verschiedenen Seiten betrachten möchte. Ältere Personen waren jüngeren dann überlegen, wenn sie eine schwierige Lebenssituation mit einer anderen Person besprechen konnten, der sie sich in solchen Situationen normalerweise anvertrauen. Es könnte also sein, dass ältere Personen offener dafür sind, Nutzen aus dem Gespräch mit anderen zu ziehen. In einigen Studien zeigte sich aber auch, dass schon junge Menschen schwierige Lebenssituationen weise angehen können.

Weisheit wird oft als etwas gesehen, an dem nur wenige

teilhaben. Reiche Lebenserfahrung, gepaart mit Wissen, Klugheit und Offenheit, den Unwägbarkeiten des Lebens zu begegnen, gilt als Voraussetzung für Weisheit. Vielleicht kann psychologische Forschung helfen, dass in Zukunft mehr Menschen weise leben. Dies wäre ein großer Gewinn.[77]

Anmerkungen

1 Kaysar, B., & Barr, D. J. (2002). Self-anchoring in conversation: why language users do not do what they «should». In: Gilovich, T., Griffin, D., & Kahneman, D. (Eds.). Heuristics and Biases. The psychology of intuitive judgment (pp. 150–166). Cambridge: Cambridge University Press.
2 Kruger, J., & Dunning, D. (1999). Unskilled and unaware of it: How difficulties in recognizing one's own incompetence lead to inflated self-assessments. Journal of Personality and Social Psychology, 77, 1121–1134.
3 Langer, E., Blank, A., & Chanowitz, B. (1978). The mindlessness of ostensibly thoughtful action: The role of placebic information in interpersonal interaction. Journal of Personality and Social Psychology, 36, 635–642.
4 Chapman, L. J., & Chapman, J. P. (1967). Genesis of popular but erroneous psychodiagnostic observations. Journal of Abnormal Psychology, 72, 193–204.
5 Devine, P. G. (1989). Stereotypes and prejudice: Their automatic and controlled components. Journal of Personality and Social Psychology, 56, 5–18.
6 LaPiere, R. T. (1934). Attitudes vs. actions. Social Forces, 13, 230–237.
7 Freedman, J. L., & Fraser, S. C. (1966). Compliance without pressure: The foot-in-the-door technique. Journal of Personality and Social Psychology, 4, 195–203.
8 Shubik, M. (1971). The Dollar Auction Game: A paradox in noncooperative behavior and escalation. The Journal of Conflict Resolution, 15, 109–111.
9 Rombouts, H. (1987). The emotion of being in love. Unveröffentlichte Untersuchung. (Zitiert in: Frijda, N. H. (1988). The laws of emotion. American Psychologist, 43, 349–358).
10 Dutton, D. G., & Aron, A. P. (1974). Some evidence for heightened sexual attraction under conditions of high anxiety. Journal of Personality and Social Psychology, 30, 510–517.

11 Luchins, A.S. (1957). Primacy-recency in impression formation. In: C.L. Hovland (Ed.), The order of presentation in persuasion. New Haven: Yale University Press.
12 Snyder, M., Tanke, E.D., & Berscheid, E. (1977). Social perception and interpersonal behavior: On the self-fulfilling nature of social stereotypes. Journal of Personality and Social Psychology, 35, 656–666.
13 Bechara, A., Damasio, H., Tranel, D., & Damasio, A.R. (1997). Deciding advantageously before knowing the advantageous strategy. Science, 275, 1293–1295.
14 Ross, M., & Sicoly, F. (1979). Egocentric biases in availability and attribution. Journal of Personality and Social Psychology, 37, 322–336.
15 Gottman, J.M., & Levenson, R.W. (1992). Marital processes predictive of later dissolution: Behavior, physiology, and health. Journal of Personality and Social Psychology, 63, 221–233.
16 McFarland, C., & Ross, M. (1987). The relation between current impressions and memories of self and dating partners. Personality and Social Psychology Bulletin, 13, 228–238.
17 DeCasper, A.J., & Fifer, W.P. (1980). Of human bonding: newborns prefer their mothers' voices. Science, 208, 1174–1176.
18 Amsterdam, B. (1972). Mirror self-image reactions before age two. Developmental Psychobiology, 5, 297–305.
19 Redelmeier, D.A., & Kahneman, D. (1996). Patients' memories of painful medical treatments: real-time and retrospective evaluations of two minimally invasive procedures. Pain, 66, 3–8.
20 Belsky, J. (2003). The politicized science of day care: A personal and professional odyssey. Family Policy Review, 1, 23–40.
21 Tversky, A., & Kahneman, D. (1974). Judgment under uncertainty: Heuristics and biases. Science, 185, 1124–1131.
22 Holland, J.G., & Skinner, B.F. (1983). Analyse des Verhaltens. München: Urban und Schwarzenberg (englische Originalausgabe 1961).
23 Ferster, C.B., & Skinner, B.F. (1957). Schedules of reinforcement. New York: Appleton-Century-Crofts.
24 Abramowitz, A.J., & O'Leary, S.G. (1990). Effectiveness of delayed punishment in an applied setting. Behavior Therapy, 21, 231–239.

25 Lepper, M.R., & Greene, D. (1975). Turning play into work: Effects of adult surveillance and extrinsic rewards on children's intrinsic motivation. Journal of Personality and Social Psychology, 31, 479–486.
26 Huesmann, L.R., Moise-Titus, J., Podolski, C.L., Eron, L.D. (2003). Longitudinal relations between children's exposure to TV violence and their aggressive and violent behavior in young adulthood: 1977–1992. Developmental Psychology, 39, 201–221.
27 Prentice, D.A., & Miller, D.T. (1993). Pluralistic ignorance and alcohol use on campus: Some consequences of misperceiving social norm. Journal of Personality and Social Psychology, 64, 243–256.
28 McKenna, S.P., & Glendon, A.I. (1985). Occupational first aid training: Decay in cardiopulmonary resuscitation (CPR) skills. Journal of Occupational Psychology, 58, 109–117.
29 Baddeley, A.D., & Longman, D.J.A. (1978). The influence of length and frequency of training sessions on the rate of learning to type. Ergonomics, 21, 627–635.
30 Mayer, R.E. (2004). Should there be a three-strikes rule against pure discovery learning? American Psychologist, 59, 14–19.
31 Zajonc, R.B., Heingartner, A., & Herman, E.M. (1969). Social enhancement and impairment of performance in the cockroach. Journal of Personality and Social Psychology, 13, 83–92.
32 Brown, A.S., & Nix, L.A. (1996). Turning lies into truths: Referential validation of falsehoods. Journal of Experimental Psychology: Learning, Memory, and Cognition, 22, 1088–1100.
33 Roediger, H.L., & Marsh, E.J. (2005). The positive and negative consequences of multiple-choice testing. Journal of Experimental Psychology: Learning, Memory, and Cognition, 31, 1155–1159.
34 Chase, W.G., & Simon, H.A. (1973). The mind's eye in chess. In: W.G. Chase, ed., Visual information processing (pp. 215–281). New York: Academic Press.
35 Roediger, H.L., & McDermott, K.B. (1995). Creating false memories: Remembering words not presented in lists. Journal of Experimental Psychology: Learning, Memory, and Cognition, 21, 803–814.

36 Zeigarnik, B. (1927). Das Behalten erledigter und unerledigter Handlungen. Psychologische Forschung, 9, 1–85.

37 Hofling, C. K., Brotzman, E., Dalrymple, S., Graves, N., & Pierce, C. M. (1966). An experimental study of nurse-physician relationships. Journal of Nervous and Mental Disease, 143, 171–180.

38 Miller, J. G. (1984). Culture and the development of everyday social explanation. Journal of Personality and Social Psychology, 46, 961–978.

39 Bartlett, F. C. (1932). Remembering. A study in experimental and social psychology. Cambridge: Cambridge University Press.

40 Ross, L., & Lepper, M. R., & Hubbard, M. (1975). Perseverance in self-perception and social perception: Biased attributional processes in the debriefing paradigm. Journal of Personality and Social Psychology, 32, 880–892.

41 Marsh, R. L., Landau, J. D., & Hicks, J. L. (1997). Contributions of inadequate source monitoring to unconscious plagiarism during idea generation. Journal of Experimental Psychology: Learning, Memory, and Cognition, 23, 886–897.

42 Ben-Shakar, G., Bar-Hillel, M., Bilu, Y., Ben-Abba, E., & Flug, A. (1986). Can graphology predict occupational success? Two empirical studies and some methodological ruminations. Journal of Applied Psychology, 71, 645–653.

43 Latané, B., Williams, K., & Harkins, S. (1979). Many hands make light work: The causes and consequences of social loafing. Journal of Personality and Social Psychology, 37, 822–832.

44 Diehl, M., & Stroebe, W. (1987). Productivity loss in brainstorming groups: Toward the solution of a riddle. Journal of Personality and Social Psychology, 53, 497–509.

45 Bühler, R., Griffin, D., & Ross, M. (2002). Inside the planning fallacy: The causes and consequences of optimistic time predictions. In: Gilovich, T., Griffin, D., & Kahneman, D. (Eds.), Heuristics and biases. The psychology of intuitive judgment (pp. 250–270). Cambridge: Cambridge University Press.

46 Dijksterhuis, A., Bos, M. W., Nordgren, L. F., & van Baaren, R. B. (2006). On making the right choice: The deliberation-without-attention effect. Science, 311, 1005–1007.

47 Iyengar, S. S., & Lepper, M. R. (2000). When choice is demotivating: Can one desire too much of a good thing? Journal of Personality and Social Psychology, 79, 995–1006.
48 Saunders, E. M. (1993). Stock Prices and Wall Street weather. American Economic Review, 83, 1337–1345.
Alter, A. L., & Oppenheimer, D. M. (2006). Predicting short-term stock fluctuations by using processing fluency. Proceedings of the National Academy of Sciences of the USA, 103, 9369–9372.
49 Harley, E. M., Carlsen, K. A., & Loftus, G. R. (2004). The «saw-it-all-along» effect: Demonstrations of visual hindsight bias. Journal of Experimental Psychology: Learning, Memory, and Cognition, 30, 960–968.
50 Hamill, R., Wilson, T. D., & Nisbett, R. E. (1980). Insensitivity to sample bias: Generalizing from atypical cases. Journal of Personality and Social Psychology, 39, 578–589.
51 Johnson, E. J., & Goldstein, D. G. (2003). Do defaults save lives? Science, 302, 1338–1339.
52 Miller, N., Maruyama, G., Beaber, R. J., & Valone, K. (1976). Speed of speech and persuasion. Journal of Personality and Social Psychology, 34, 615–624.
53 Levin, J. S., & Schiller, P. L. (1987). Is there a religious factor in health? Journal of Religion and Health, 26, 9–36.
54 Darley, J. M., & Batson, J. D. (1973). «From Jerusalem to Jericho»: A study of situational and dispositional variables in helping behavior. Journal of Personality and Social Psychology, 27, 100–108.
55 Gick, M. L., & Holyoak, K. J. (1980). Analogical problem solving. Cognitive Psychology, 15, 1–38.
56 Fehr, E., & Gächter, S. (2002). Altruistic punishment in humans. Nature, 415, 137–140.
57 Zhong, C.-B., & Liljenquist, K. (2006). Washing away your sins: Threatened morality and physical cleansing. Science, 313, 1451–1452.
58 Festinger, L., Riecken, H. W., & Schachter, S. S. (1956). When prophecy fails. Minneapolis: University of Minnesota Press.
59 Pyszczynski, T., Abdollahi, A., Solomon, S., Greenberg, J., Cohen, F., & Weise, D. (2006). Mortality salience, martyrdom,

and military might: the great satan versus the axis of evil. Personality and Social Psychology Bulletin, 32, 525–537.

60 Ericsson, K. A., Krampe, R. Th., & Tesch-Römer, C. (1993). The role of deliberate practice in the acquisition of expert performance. Psychological Review, 100, 363–406.

61 Kraut, R. E., & Johnston, R. E. (1979). Social and emotional messages of smiling. An ethological approach. Journal of Personality and Social Psychology, 37, 1539–1553.

62 Medvec, V. H., Madey, S. F., & Gilovich, T. (1995). When less is more: Counterfactual thinking and satisfaction among Olympic medalists. Journal of Personality and Social Psychology, 69, 603–610.

63 Tversky, A., & Kahneman, D. (1974). Judgment under uncertainty: Heuristics and biases. Science, 185, 1124–1131.

64 Wirtz, D., Kruger, J., Scollon, C. N., & Diener, E. (2003). What to do on Spring break? The role of predicted, on-line, and remembered experience in future choice. Psychological Science, 14, 520–524.

65 Bishop, G. F., Tuchfarber, A. J. & Oldendick, R. W. (1986). Opinions about fictitious issues: The pressure to answer survey questions. Public Opinion Quarterly, 50, 240–250.

Wells, G. L. (1993). What do we know about eyewitness identification? American Psychologist, 48, 553–571.

66 Lichtenstein, S., Slovic, P., Fischhoff, B., Layman, M., & Combs, B. (1978). Judged frequency of lethal events. Journal of Experimental Psychology: Human Learning and Memory, 4, 551–578.

67 Logie, R. H., Cocchini, G., Della Sala, S., & Baddeley, A. D. (2006). Is there a specific executive capacity for dual task coordination? Evidence from Alzheimer's Disease. Neuropsychology, 18, 504–513.

68 Carlson, S. (1985). A double-blind test of astrology. Nature, 318, 419–425.

69 Forer, B. R. (1949). The fallacy of personal validation: A classroom demonstration of gullibility. Journal of Abnormal Psychology, 44, 118–123.

Snyder, C. R. (1974). Why horoscopes are true: the effects of specificity on acceptance of astrological interpretations. Journal of Clinical Psychology, 30, 577–580.

70 Wegner, D. M., Schneider, D. J., Carter, S., & White, T. (1987). Paradoxical effects of thought suppression. Journal of Personality and Social Psychology, 53, 5–13.
71 Mischel, W., Shoda, Y., & Rodriguez, M. L. (1989). Delay of gratification in children. Science, 244, 933–938.
72 Gollwitzer, P. M. (1999). Implementation intentions. Strong effects of simple plans. American Psychologist, 54, 493–503.
73 Gollwitzer, P. M., & Brandstätter, V. (1997). Implementation intentions and effective goal pursuit. Journal of Personality and Social Psychology, 73, 186–199.
74 Maier, N. R. F. (1931). Reasoning in humans II: The solution of a problem and its appearance in consciousness. Journal of Comparative Psychology, 12, 181–194.
75 Brickman, P., Coates, D., & Janoff-Bulman, R. (1978). Lottery winners and accident victims: Is happiness relative? Journal of Personality and Social Psychology, 36, 917–927.
Kahneman, D., Krueger, A., Schkade, D., Schwarz, N., & Stone, A. (2006). Would you be happier if you were richer? A focusing illusion. Science, 312, 1908–1910.
76 Seligman, M. E. P., Steen, T. A., Park, N., & Peterson, C. (2005). Positive psychology progress: Empirical validation of interventions. American Psychologist, 60, 410–421.
77 Staudinger, U. M., & Baltes, P. B. (1996). Interactive Minds: A facilitative setting for wisdom-related performance? Journal of Personality and Social Psychology, 71, 746–762.

Weiterführende Literatur

Zuerst drei Bücher zum Thema Lernen und Gedächtnis:
Baddeley, A.D. (1999). Essentials of human memory. Hove, UK: Psychology Press.
Bredenkamp, J. (1998). Lernen, Erinnern, Vergessen. München: C.H.Beck.
Schräder-Naef, R. (2000). Rationeller Lernen lernen (19. Auflage). Weinheim: Beltz.

Das Buch über die Beeinflussung anderer Menschen – und wie Sie Nein sagen können:
Cialdini, R.B. (1997). Die Psychologie des Überzeugens. Bern: Huber.

Für alle, die wissen wollen, wie Gruppen funktionieren:
Forsyth, D.R. (2006). Group dynamics. Belmont CA: Thomson.

Über die gängigen Denkfallen – und wie wir ihnen ausweichen können:
Gilovich, T. (1991). How we know what isn't so. New York: The Free Press.

Prinzipien der Belohnung und der Bestrafung finden Sie in:
Mazur, J.E. (2006). Learning and Behavior (6th edition). Upper Saddle River, NJ: Pearson Prentice Hall.

Beck im Handgepäck

Hans-Martin Gauger
Das ist bei uns nicht Ouzo
Sprachwitze
Limitierte Sonderausgabe 2007. 141 Seiten. Paperback
(Beck'sche Reihe Band 4043)

Andrea Köhler
Kleines Glossar des Verschwindens
Von Autokino bis Zwischengas
Lauter Nachrufe
Limitierte Sonderausgabe 2007. 128 Seiten. Paperback
(Beck'sche Reihe Band 4044)

Peter Köhler
Basar der Bildungslücken
Kleines Handbuch des entbehrlichen Wissens
Limitierte Sonderausgabe 2007. 160 Seiten. Paperback
(Beck'sche Reihe Band 4042)

Rudolf E. Lang
Warum Tränen salzig schmecken
Eine spannende Entdeckungsreise durch den menschlichen Körper
Limitierte Sonderausgabe 2007. 168 Seiten
mit 91 Abbildungen. Paperback
(Beck'sche Reihe Band 4041)

Friedhelm Moser
Kleine Philosophie für Nichtphilosophen
Limitierte Sonderausgabe 2007. 219 Seiten. Paperback
(Beck'sche Reihe Band 4046)

Harro von Senger
Die Kunst der List
Strategeme durchschauen und anwenden
Limitierte Sonderausgabe 2007. 197 Seiten. Paperback
(Beck'sche Reihe Band 4045)